INSIGHT GUIDES

BARCELONA
a Pé

Tradução:
Mônica Saddy Martins

Martins Fontes

SUMÁRIO

Introdução
Sobre este livro 4
Itinerários indicados 6

Orientação
Panorama da cidade 10
Onde comer 14
Compras 18
Modernismo 20
Catalão 22
História: datas-chave 24

Itinerários
1. La Rambla 28
2. Barri Gòtic real 34
3. Barri Gòtic oficial 40
4. Sant Pere 44
5. La Ribera e El Born 46
6. El Raval 50
7. A orla marítima 54
8. Ciutadella 58
9. Ao longo da costa 62
10. Eixample 66
11. Sagrada Família e Park Güell 70
12. Montjuïc 73
13. Barça 78
14. Pedralbes 80
15. Gràcia 82
16. Tibidabo 84
17. Sitges 88
18. Circuito dos vinhos 92
19. Circuito Dalí 94
20. Montserrat 96

Informações
A–Z 102
Hospedagem 114
Onde comer 120

Créditos e índice
Créditos das fotografias 124
Índice remissivo 125

SOBRE ESTE LIVRO

De cima para baixo: cartazes de museus, divulgando o Museu Marítim; banho de sol no calçadão de madeira da orla; elegantes arcos no estilo da Renascença catalã na Plaça del Rei; um belo lustre em La Pedrera, de Antoni Gaudí.

O guia *Barcelona a pé* foi produzido pelos editores da Insight Guides que, desde 1970, estabeleceram um padrão visual para guias de viagens. Com excelentes fotos e recomendações confiáveis, você tem o que há de melhor em Barcelona, em 20 itinerários que podem ser feitos a pé.

e poder planejar onde fazer uma parada para comer e tomar algo – as opções encontram-se nos quadros "Onde comer", com o símbolo da faca e do garfo, em várias páginas.

Para as excursões temáticas, consulte "Itinerários indicados" (*ver p. 6-7*).

ITINERÁRIOS

Os itinerários propostos neste guia procuram atender a todos os bolsos e gostos, qualquer que seja a duração da viagem. Além de cobrir as várias atrações turísticas clássicas de Barcelona, este guia sugere também percursos menos conhecidos e áreas emergentes; há também excursões para aqueles que queiram estender a visita para fora da cidade.

Os itinerários abrangem interesses diversos; assim, quer você seja apaixonado por arte, por arquitetura ou pela boa mesa, quer seja um amante da natureza ou esteja viajando com crianças, sempre encontrará uma opção que lhe convenha.

Recomendamos que você leia todo o itinerário antes de partir, para se familiarizar com o trajeto

ORIENTAÇÃO

Os itinerários apresentados nesta seção dão uma visão geral da cidade, além de informações sobre alimentação e compras. Uma sucinta cronologia histórica indica os principais fatos que ocorreram em Barcelona ao longo dos séculos.

INFORMAÇÕES

Para facilitar os itinerários, há uma seção de informações úteis de A a Z, práticas e claras, que ajudam na escolha da hospedagem e de restaurantes; tais sugestões complementam os endereços dos cafés, bares e restaurantes mais em conta sugeridos nos itinerários com a intenção de oferecer mais opções para uma refeição noturna.

O autor

Roger Williams conheceu e passou a amar Barcelona em suas frequentes visitas à cidade, vindo de sua casa na Costa Brava. Ele nunca deixa de se maravilhar com suas contradições e descreve Barcelona como um lugar, ao mesmo tempo, dos mais convencionais e mais vanguardistas do mundo. E exemplifica esse ponto de vista descrevendo uma cena que testemunhou na hora do *rush*, numa manhã em La Rambla: "Um homem de paletó, camisa e gravata cinza vinha andando na minha direção, com uma pasta debaixo do braço. O cabelo era bem aparado, um pouco grisalho nas têmporas. Um homem de meia-idade e de classe média, como eu. Mas, na hora que ele passou por mim, olhei para baixo e vi a saia azul apertada e curta que usava. Só mesmo em Barcelona, pensei".

Quadros em destaque
Dados culturais relevantes são destacados nestes quadros especiais.

Dicas nas margens
Dicas de compras, histórias pitorescas, fatos históricos e dados curiosos ajudam os visitantes a curtir Barcelona ao máximo.

Dados importantes
Este quadro dá detalhes da distância a percorrer em cada itinerário e uma estimativa do tempo de duração. Mostra também onde começa e termina o percurso, dá informações indispensáveis, como as épocas mais adequadas para o passeio e as melhores opções de transporte.

Mapa do itinerário
Cartografia pormenorizada com indicação clara do trajeto por sequência numérica. Para o mapa geral, consulte o encarte que acompanha este guia.

Rodapés
O rodapé das páginas do lado esquerdo traz o nome do itinerário e, quando relevante, uma referência do mapa; o das páginas do lado direito indica a principal atração das duas páginas.

Onde comer
As indicações encontram-se nestes quadros. Os números que antecedem o nome de cada café, bar ou restaurante remetem a referências do texto principal. Os lugares recomendados também estão assinalados nos mapas. Observe que na Espanha os endereços marcados com s/n não têm número na porta.

O símbolo do euro (**€**) que aparece em cada entrada dá o custo aproximado de uma refeição de dois pratos para uma pessoa, com meia garrafa de vinho da casa. Serve apenas como orientação. A tabela de preços, que também aparece na segunda orelha deste guia para facilitar a consulta, é a seguinte:

€€€€ 60 euros ou mais
€€€ 30-60 euros
€€ 20-30 euros
€ até 20 euros

SOBRE ESTE LIVRO **5**

ARQUITETURA

Do gótico catalão puro em torno do Palácio Real (itinerário 2) às obras modernistas em Eixample (itinerário 10), incluindo a maior construção em andamento em Barcelona, a da Sagrada Família (itinerário 11).

ITINERÁRIOS INDICADOS

AMANTES DA ARTE

Os destaques artísticos abrangem o Museu Picasso (itinerário 5) e a Fundació Miró em Montjuïc (itinerário 12); este último passeio também visita o Palau Nacional, que abriga a melhor coleção de arte românica do mundo. Para a verdade nua e crua sobre Salvador Dalí, há uma viagem a Figueras (itinerário 19).

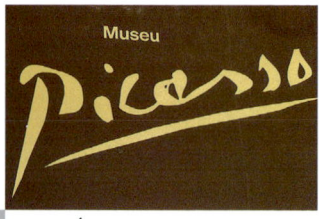

FAMÍLIAS COM CRIANÇAS

Há muitas coisas interessantes, incluindo o museu de cera (itinerário 1), os passeios de barco no lago do Parc de la Ciutadella (itinerário 8), a praia (itinerário 9), o time de futebol Barça (itinerário 13), o museu de ciências CosmoCaixa e o parque de diversões de Tibidabo (itinerário 16).

FLORA E FAUNA

Para um lugar com verde, visite o Parc de la Ciutadella (itinerário 8), os vários jardins de Montjuïc (itinerário 12) ou, para uma experiência mais radical ao ar livre, faça caminhadas nas montanhas em volta de Montserrat (itinerário 20).

COMIDA E BEBIDA

Prove excelentes *tapas* no Passeig de Gràcia e arredores (itinerário 10) ou suba um pouco mais, até Gràcia (itinerário 15), para um drinque num dos muitos autênticos bares da área. Viagens para lugares mais afastados incluem o circuito dos vinhos (itinerário 18).

AMANTES DA MÚSICA

O teatro lírico El Liceu (itinerário 1) e o esplêndido Palau de la Música Catalana (itinerário 4), de estilo modernista catalão, devem ocupar os primeiros lugares em sua lista. Também recomendado é o maravilhoso novo Museu de la Música (itinerário 8), ao norte do Parc de la Ciutadella.

NOTÍVAGOS

Há lugares que ficam abertos até tarde em toda a cidade, mas bons pontos de partida para atividades noturnas são El Born (itinerário 5) e La Rambla (itinerário 1), movimentada dia e noite.

DIAS CHUVOSOS

Enfrente-os nas instituições maiores, como o Museu d'Art Contemporani de Barcelona e o Centre de la Cultura Contemporània de Barcelona (itinerário 6) ou o Museu Nacional d'Art de Catalunya, no Palau Nacional (itinerário 12), ou combine compras no shopping Maremàgnum, na orla marítima, com uma visita ao aquário (itinerário 7).

ROMANCE

Compre flores em La Rambla (itinerário 1), faça um passeio de barco numa Golondrina (itinerário 7) ou aprecie as lindas águas iluminadas da Font Màgica de Montjuïc (itinerário 12).

ESPORTISTAS

Visite os edifícios construídos para os Jogos Olímpicos de 1992 (itinerário 12) ou preste homenagem ao time de futebol Barça em Camp Nou (itinerário 13).

ORIENTAÇÃO

Visão geral da geografia, dos costumes e da cultura de Barcelona, além de informações esclarecedoras sobre comidas e bebidas, compras, arquitetura e fatos históricos.

PANORAMA DA CIDADE	10
ONDE COMER	14
COMPRAS	18
MODERNISMO	20
CATALÃO	22
HISTÓRIA: DATAS-CHAVE	24

PANORAMA DA CIDADE

Uma cidade vibrante e dinâmica, sempre em movimento, mas que preserva sua tradição, Barcelona oferece de tudo: de tesouros góticos e danças tradicionais a bares da moda, arquitetura inovadora e comida deliciosa.

Acima: teleférico; letreiro modernista; parque de Tibidabo.

O costume de começar tarde
Em Barcelona: o almoço não sai antes das 14h e o jantar das 21-22h, quando começa a maioria dos concertos. Casas noturnas e de música ao vivo não abrem antes das duas da madrugada. Entre no ritmo com algumas *tapas*.

À direita: Mercat de Santa Caterina.

Quando alguém pergunta o que há de melhor para se ver em Barcelona, a resposta sempre é: andar na rua. Poucas cidades no mundo são tão agradáveis para simplesmente caminhar, graças à sua rica herança arquitetônica, que vai de gigantescas pedras romanas e ruelas medievais aonde o sol não chega à arquitetura esplêndida de Gaudí e dos modernistas e aos edifícios do séc. XXI, de arestas vivas e brilho difuso, tão vistosos ao lado de preciosidades históricas.

DESENVOLVIMENTO

Localizada no nordeste da Espanha, na costa mediterrânea, a cerca de 260 km da França e 625 km de Madri, a segunda maior cidade da Espanha foi fundada pelos romanos. A cidade fortificada de Barcino ficava atrás de muros que circundavam a área em torno do lugar onde hoje estão a catedral e os prédios do governo, na Plaça de Sant Jaume. Na época medieval – a idade de ouro da Catalunha – os condes de Barcelona empurraram as muralhas para o sul, para além da famosa avenida La Rambla, a fim de cercar El Raval, criando o que atualmente é o conjunto da Cidade Velha, ou Ciutat Vella. Além desse ponto, ficavam os cemitérios judeus na encosta de Montjuïc.

O século XIX

No fim do séc. XIX, foi projetada uma nova e vasta extensão da cidade (Eixample), enquanto a área industrial se espalhava para o norte, ao longo da costa. A Ciutat Vella, o Eixample (onde estão a Sagrada Família de Antoni Gaudí e muitos dos edifícios modernistas) e a antiga área industrial, que foi transformada em praia

(Barceloneta e o porto), são as três regiões mais exploradas pelos turistas.

CONHECENDO A CIDADE

Com centro na Plaça de Catalunya, que separa a cidade velha da cidade nova, Barcelona é fácil de percorrer a pé. O sistema quadriculado de Eixample é simples de seguir, já as ruelas da Ciutat Vella são mais labirínticas, mas aí está boa parte da diversão. Uma boa maneira de se localizar é fazer uma excursão que passe pelas principais atrações num ônibus turístico no qual se possa subir e descer à vontade. Outro modo de sentir a cidade é num passeio pelo porto numa Golondrina. E há também os teleféricos e funiculares, que levam os turistas aos lugares mais altos, com vistas panorâmicas.

Se você subir até o castelo no topo do Montjuïc, conseguirá ver a cidade estendendo-se bem para o sul, além do porto comercial, até o rio Llobregat. Na outra direção, indo para o norte, se você andar por toda a extensão da praia, chegará ao novo Fòrum e ao rio Bésos, que marca o limite norte da cidade. A serra de Collserola, onde a igreja de Sagrat Cor de Tibidabo espeta o céu, impede a cidade de se expandir para o interior.

Transporte público
O sistema de transporte, com uma eficiente rede de metrô, é fácil de usar. Metrô, trem e ônibus são todos pagos com os mesmos bilhetes, que são baratos, especialmente em blocos de dez. Para mais informações, consulte o capítulo "Informações" (*ver p. 111*).

OS BAIRROS

Apesar do tamanho da cidade, as comunidades e vilas que formam Barcelona dão a ela uma atmosfera de intimidade. Os bairros têm identidades e características fortes, celebram seus próprios festivais e criam seu próprio entretenimento, por exemplo. Geralmente localizados em torno de uma ou duas praças, onde os assentos ao ar livre, comuns em Barcelona, permitem que as pessoas parem para conversar, esses bairros mantêm sua individualidade.

Acima, da esquerda para a direita: salamandra no Parc Güell; vitral de Santa Maria del Pi; skatista no Museu d'Art Contemporani; um bar local.

População
A região metropolitana de Barcelona tem cerca de 3 milhões de habitantes.

Abaixo: vista aérea do alto da Sagrada Família.

Os ativos barceloneses

A frase "*Vaig de bòlit*" (estou na correria) é usada pelos barceloneses ativos, que vivem com o que George Orwell chamou de "uma energia apaixonada". Eles gostam de ser vistos como *espavilat*: dinâmicos, assertivos e produtivos.

Abaixo: barcelonesa de estilo com seu cachorro.

Com um clima ameno e temperaturas entre 10°C no inverno e 25°C no verão, não surpreende que as pessoas passem a maior parte do tempo do lado de fora. Onde quer que você se hospede na cidade, provavelmente encontrará uma rua ou praça favorita, com um bar ou café para um *cortado* (café) de manhã ou uma *copa* (sorvete) na hora do almoço. E logo você se verá no ritmo dos dias que demoram a começar (as lojas abrem por volta das 10 horas), das tardes sossegadas e do burburinho do começo da noite, quando todos parecem sair para uma caminhada pelas ruas da cidade.

FORTE HERANÇA CULTURAL

Assim como os numerosos cafés e bares tradicionais da cidade, muitas lojas parecem enraizadas no passado. É difícil lembrar outra grande cidade que tenha tantas lojas especializadas: uma *polleria* que só vende frangos; uma *cuchillería* que vende facas; um *colmado* que tem em estoque apenas produtos desidratados. A chegada de imigrantes só fez incrementar essa variedade. A individualidade comercial da cidade é confirmada, também, pelas butiques modernas e pelas lojas de grifes exclusivas de El Raval e El Born, onde pequenos estabelecimentos frequentemente se resumem a uma oficina com uma janela.

ESPÍRITO CRIATIVO

Diseny (*design*) é o talento mais difundido numa cidade de criatividade tão explosiva nas artes plásticas quanto nas artes performáticas. Diz-se que a característica local é uma mistura de *seny* (sabedoria) e *rauxa* (uma espécie de desordem que produz criatividade). Ela resulta numa mistura de conservadorismo arraigado e talento excêntrico, o que poderia explicar a Sagrada Família, a extraordinária obra de vanguarda de um tradicionalista profundamente religioso. Talvez também explique a história da cidade, uma mistura de altos e baixos, de tempos de grande prosperidade e tempos de penúria severa, de épocas de pensamento esclarecido e de paixão incendiária.

Acima, da esquerda para a direita: restaurantes na orla e barcos no porto; o arquiteto Antoni Gaudí; escultura de Joan Miró na fundação homônima; Passeig de Gràcia, em Eixample.

PLANEJAMENTO URBANO

O planejamento urbano de Barcelona é digno de seu arrojo arquitetônico. Seus urbanistas têm receio de demolir grandes áreas de prédios antigos e substituí-los por edifícios de vanguarda ou, simplesmente, por espaços abertos.

Ímpetos de crescimento

A cidade cresceu em impulsos: a idade de ouro, nos sécs. XIII e XIV, produziu os palacetes góticos da Cidade Velha (Ciutat Vella). O desenvolvimento arquitetônico foi discreto até que o avanço industrial do séc. XIX financiou a extravagância modernista do bairro de Eixample.

Na metade do séc. XX, entretanto, o ditador fascista general Franco apareceu e colocou um ponto final em praticamente tudo. Na segunda metade do século, enquanto outras cidades europeias demoliam legados arquitetônicos e erigiam arranha-céus, Barcelona perdia vigor, mal amada pelos controladores das finanças nacionais.

Ao contrário do que era esperado, isso foi importante para salvar grande parte de seu patrimônio histórico. Mas a dedicação e o trabalho dos cidadãos fizeram a prosperidade das indústrias, e muita gente migrou para cá, proveniente de partes bem mais pobres da Espanha. E na alta repentina do turismo nos anos 1960, foi a costa, principalmente a Costa Brava ao norte, que teve de atender os veranistas com edifícios de concreto erguidos enquanto Barcelona mantinha sua integridade arquitetônica.

Renascença olímpica

Na verdade, foi só em 1986, com a expectativa dos Jogos Olímpicos, que a cidade despertou novamente, atraindo arquitetos do mais alto nível, incluindo profissionais e urbanistas locais, numa segunda *renaixença* (renascença). A confiança e a verve com que eles atacaram o trabalho foram de tirar o fôlego, e seu legado é uma cidade apaixonante, fácil e muito agradável de conhecer.

Festivais e festas

Os barceloneses gostam de festa e não passam um mês sem alguma razão para celebrar. A *festa major* (festival mais importante) de cada bairro inclui grandes refeições em família, salgados e doces criados especialmente para a ocasião e também caixas de cava e música. O principal festival da cidade é La Mercè, em setembro, que dura uma semana, com desfiles espetaculares de "gigantes", "dragões" e "diabos", com música, dança e fogos de artifício. Além disso, o calendário festivo é marcado por celebrações no Carnaval, logo antes da Quaresma, e na véspera da festa de São João, em 23 de junho. Duas contribuições caracteristicamente catalãs no cenário de festas são a sardana, dança tradicional (*ver p. 36*), e os *castells*, "torres" humanas que chegam a cinco pessoas de altura. Mais tranquila é a festa de São Jorge, padroeiro da Catalunha, quando rosas vermelhas e livros são oferecidos como presentes (*ver p. 43*).

ONDE COMER

Os barceloneses levam a alimentação a sério. "Onde você comeu?", perguntam com interesse inusitado, e sua resposta o distinguirá entre uma pessoa de bom gosto ou alguém que precisa ser levado pela mão.

A comida do mercado
O Mercat de la Concepció (ver p. 69) publica diariamente receitas na internet, dando ao turista a oportunidade de relembrar os sabores de Barcelona bem depois de sua visita. Para detalhes, veja <www.laconcepcio.com>.

A culinária catalã é de estilo mediterrâneo antigo, caracterizada pelos aromas das ervas das montanhas, pelos azeites e sucos das planícies, pela carne de animais silvestres dos bosques e dos céus e pelos peixes e crustáceos do mar. É descrita como *mar i muntanya* (mar e montanha), uma mistura especial de frutos do mar e carne.

Muitas outras culinárias típicas podem ser experimentadas em Barcelona, e certamente não faltam lugares onde comer. Os restaurantes mais elegantes de Eixample talvez tenham a melhor comida, mas falta a eles a personalidade dos da cidade velha, onde estabelecimentos tradicionais, como Agut, Caracoles e Set Portes, cada vez mais se associam a lugares novos e que seguem as últimas tendências.

A maioria dos bares (*tabernas*, *bodegas* e *cervecerías*) também serve comida, com frequência de qualidade surpreendentemente alta. Neles, você pode provar *tapas*, sanduíches (*bocadillos*, em castelhano; *bocats* ou *entrepans*, em catalão) ou *plats combinats* (refeições de prato único) em quase qualquer hora do dia.

REFEIÇÕES PRINCIPAIS

Os barceloneses geralmente tomam café da manhã cedo, composto de *café con leche* (café com leite; *café amb llet*, em catalão) e torradas ou biscoitos. Por volta das 11 da manhã, é hora de uma segunda refeição, que pode ser um sanduíche mais substancioso ou um pedaço generoso de omelete de batatas, salgados e doces.

Almoço tardio, jantar tardio
Os barceloneses, como todos os espanhóis, demoram a fazer as outras refeições. O almoço geralmente não sai antes das 14 ou 15h. O jantar é servido das 21h até 23h30, embora, nos fins de semana, as pessoas às vezes não se sentem para jantar antes da meia-noite. Geralmente, pode-se fazer uma refeição em quase qualquer hora do dia, mas, se você entrar num restaurante logo depois que as portas tiverem sido abertas, provavelmente comerá sozinho ou com outros turistas estrangeiros. Para resistir entre o almoço e o jantar, faça como a gente do lugar e coma sanduíches e bolos nas confeitarias por volta das 17h30 ou *tapas* nos bares a partir das 19h.

REFEIÇÕES COMPLETAS E CARDÁPIOS DO DIA

Os barceloneses frequentemente fazem refeições de três pratos, mais sobremesa e café. No entanto, não é incomum dividir o primeiro prato

ou pedir *un sólo plato* – só o prato principal. Muitos restaurantes oferecem um *menú del día* ou *menú de la casa*, um cardápio do dia, em geral, bastante econômico. Por um preço fixo, você come três pratos: uma entrada, frequentemente sopa ou salada, um prato principal e sobremesa (sorvete, um pedaço de fruta ou o onipresente *flan* – *flam*, em catalão – um tipo de pudim de caramelo), mais vinho, cerveja ou água mineral e pão. De modo geral, o custo é cerca de metade do que você pagaria se pedisse os mesmos pratos *à la carte*. Muitos espanhóis pedem o *menú*, por isso, não precisa pensar que estão lhe servindo o "especial para turista".

O que comer
Um jantar típico poderia começar com *amanida catalana*, salada de carnes frias, ou com *escalivada*, pimentões e berinjelas sem pele, assados, cobertos com azeite e comidos frios, ou com *esqueixada*, uma salada de lascas de bacalhau. O prato principal poderia ser *suquet* (ensopado de peixe), *estofat* (ensopado de carne), *botifarra amb mongetes* (salsicha com feijão) ou *conill* (coelho) servido com *cargols* (*escargots*) ou molho *alioli* com bastante alho.

Quanto à sobremesa, a *crema catalana* (creme de ovos com açúcar caramelado em cima) é o ponto alto. *Mel i mato* é outra delícia, feita com mel e ricota.

Acima, da esquerda para a direita: cerveja e presunto; churros; restaurante de frutos do mar no porto; produtos frescos, viçosos.

Chocolate

Se você gosta de chocolate, está no lugar certo. Há *xocolata desfeta*, um chocolate quente tão espesso que a colher fica em pé dentro dele (ótimo para mergulhar churros), há fantásticas criações para festas e pratos principais de combinações tão inusitadas como chocolate com coelho ou lula – aparentemente, uma combinação convencional. Fabricantes de chocolate tradicionais incluem a família Escribà, que tem loja em La Rambla (n. 83), mas em outros lugares você pode encontrar o mesmo chocolate puro, em tijolos. Fabricantes novos e criativos cada vez mais têm se mudado para cá. Visite a Cacao Sampaka (Carrer Ferran, 43-5 ou Carrer Consell de Cent, 292) para experimentar barras, molhos e cremes feitos a mão. Ou prove a cerveja de chocolate e compre velas de chocolate na Xocoa (Carrer Petritxol, 11; <www.xocoa-bcn.com>). Na Plaça Sant Gregori Taumaturg, em Eixample, o premiado Oriol Balaguer tem outras delícias (<www.oriolbalaguer.com>). E, para descobrir como tudo começou, vá até o Museu de la Xocolata (Museu do Chocolate, ver p. 45).

Paella e fideuá
Embora tenha origem em Valência, região produtora de arroz, o clássico prato de frutos do mar, a *paella*, encabeça a lista de receitas a experimentar em Barcelona para muitos turistas. Experimente os restaurantes de Barceloneta para uma *paella* de mexilhões, mariscos, camarões e vários tipos de peixe fresco. Leva cerca de 20 min. para ficar pronta. Outra iguaria é o *fideuá*, parecido com a *paella*, mas feita com massa em vez de arroz.

El Bulli
Eleito o melhor restaurante do mundo, El Bulli (<www.elbulli.com>), duas horas ao norte de Barcelona, em Roses, na Costa Brava, fica aberto de abril a outubro e as reservas têm de ser feitas com cerca de 1 ano de antecedência. No resto do ano, o *chef* e proprietário Ferran Adrià, chamado de "Salvador Dalí da cozinha" pela revista *Gourmet*, trabalha com seus *chefs* na oficina de Barcelona, El Taller, na Carrer de la Portaferrissa, perto de La Rambla, inventando receitas para o *menu* de degustação da temporada seguinte, composto de 30 pratos.

TAPAS E RACIONS

As *tapas* (*tapes*, em catalão) têm variedades deliciosas, de aperitivos como azeitonas e amêndoas salgadas a saladas verdes, lula frita, camarões com alho, maionese de lagosta, almôndegas, batatas temperadas, fatias de omelete, salsicha fatiada e queijo. A lista é interminável e pode surpreender pela criatividade, especialmente nas populares casas de *tapas* bascas, onde elas são chamadas de *pintxos*.

Um prato maior que uma *tapa* é uma *porcion*. Uma porção completa, para ser dividida, é uma *racion*, e a metade desta, uma *media racion*.

São nutritivas, especialmente se acompanhadas de *pa amb tomàquet*, pão esfregado com alho, azeite e tomate. Esse pão é bom também com presunto (*pernil*), salsicha temperada (*xoriço*), queijo (*formatge*) e anchovas (*anxoves*).

Outros pratos dos bares são *truites*, *tortilla* (omelete espanhola, feita com batata e cebola e, às vezes, espinafre), peixinhos fritos, polvo, *escargots* e *patates braves* (batatas com molho de tomate picante).

BEBIDAS

Vinho, cava e cerveja
O vinho é uma constante na mesa catalã. Além dos vinhos finos de toda a Espanha, incluindo Rioja, Navarra e Ribera del Duero, Barcelona tem alguns vinhos regionais muito bons. São excelentes os de Penedès, a região vitivinícola próxima a Barcelona, onde é produzido o espumante espanhol cava (*ver p. 92-3*). O próprio cava combina maravilhosamente com frutos do mar e a maioria das *tapas*. Entre os tintos de Penedès, experimente Torres Gran Coronas, Raimat e Jean León.

Os vinhos da região de Priorat, cerca de uma hora ao sul de Barcelona (perto de Tarragona), são tintos soberbos, robustos e caros, que rivalizam com os melhores da Espanha. Não se surpreenda se lhe oferecerem vinho tinto (*vi negre*) gelado no verão. Nessa região, há também vários rosés (*vi rosat*) secos e deliciosos.

As cervejas espanholas, em garrafa ou barril, são geralmente leves e refrescantes.

Outras bebidas alcoólicas
A sangria, feita de vinho e frutas e reforçada com conhaque, é mais consumida pelos turistas do que pelos nativos. Mais popular entre estes últimos é o xerez (*jerez*). O *fino*, claro e seco, é tomado como aperitivo, mas também com sopa e pratos de peixe. O *oloroso*, escuro e generoso, cai bem depois do jantar. O conhaque espanhol é outra opção de digestivo e varia do excelente ao grosseiro; geralmente, você bebe aquilo pelo que paga. Outras bebidas destiladas são legais na Espanha e geralmente baratas.

Bebidas quentes
O café é servido preto (*solo*), com um pingo de leite (*cortado/tallat*) ou meio a meio com leite quente (*con leche/amb llet*). A *orxata*, com junça moída e leite, também é popular, fria ou quente.

Acima, da esquerda para a direita: *paella*; bombons; almoço na praia; *tapas*.

Itens típicos de um cardápio catalão

Entrants/Primer Plat (Entrada/Primeiro prato)

amanida salada verde

arros negre arroz preto, lula na tinta

canelons a la barcelonina canelone recheado com carne

cigrons grãos-de-bico, geralmente ensopados, com acelga (*bledes*), espinafre, pequenos mariscos ou bacalhau

croquetes cassolanes croquetes feitos em casa (com frango, presunto ou bacalhau)

empedrat salada de feijão branco com tomate, cebola, bacalhau e azeitonas

escudella sopa substanciosa de caldo de carne com massa

espinacs a la catalana espinafre no vapor, refogado com passas e pinhões

faves a la catalana favas ensopadas

gaspatxo sopa de tomate fria da Andaluzia

llenties lentilhas, geralmente com salsicha condimentada e morcela

sopa de peix sopa de peixe

verdures verdura do dia, geralmente cozida com batatas

Segon Plat (Prato principal)

calamars a la romana/farcits lula frita empanada ou recheada

fetge fígado

fricandó vitela assada com cogumelos silvestres

mandonguilles almôndegas

peix (*lluç, tonyina, gambles, sèpia...*) *a la planxa* peixe (abrótea, atum, camarão rosa, siba) na chapa; a carne (principalmente de coelho) também é preparada desse modo

pollastre rostit frango assado com molho

pollastre/carn arrebossada frango/carne (geralmente bovina) empanado com farinha de rosca e frito

salsitxes amb tomàquet salsichas finas ao molho de tomate

xai a la brasa cordeiro assado na brasa

Postre (Sobremesa)

flam pudim de caramelo

fruite (*poma, platan, pressec, sindria*) fruta fresca (maçã, banana, pêssego, melancia)

gelat sorvete

macedonia salada de frutas

mel i mató ricota com mel

postre de music nozes e frutas secas, geralmente servidas com vinho moscatel

pastis torta/bolo

Abaixo: cava e *tapas* para todos.

COMPRAS

Barcelona é ótima para fazer compras, tem desde vitrines inovadoras, de grife, em torno do Passeig de Gràcia e da Diagonal, até lojas independentes e atemporais no Barri Gòtic e butiques de vanguarda em El Born.

Horário de compras
A maioria das lojas abre entre 9h e 10h e fecha para almoço entre 13h e 14h, reabrindo entre 16h e 17h, para fechar às 20h. Muitas lojas de roupas e comida fecham às 20h30 ou 21h. As grandes lojas de departamentos e as de rede e os shoppings não fecham para almoço. No verão, as lojas menores podem fechar no sábado à tarde. Só as padarias, confeitarias e algumas mercearias abrem aos domingos (até 15h, mais ou menos).

De acordo com sua reputação de centro de estilo e *design*, Barcelona tem inúmeras butiques, antiquários, lojas de decoração sofisticadas e galerias de arte. Fazer compras é agradável aqui, pois a cidade não foi tomada por lojas de departamentos e ainda tem muitas lojinhas não convencionais e atraentes. Os melhores artigos para comprar são roupas da moda, sapatos e outros artigos de couro, antiguidades, livros (Barcelona é a capital das editoras espanholas), objetos de *design high-tech* e acessórios para a casa.

ÁREAS DE COMPRAS

O Passeig de Gràcia, a Rambla de Catalunya e as ruas próximas são bons para lojas de rede, moda sofisticada e butiques. O mesmo vale para o Barri Gòtic, com muitas lojas artesanais, galerias e vendedores de suvenires, e também lojas de roupas de vanguarda, conforme você se aproxima de El Born.

A Avinguda Diagonal, do alto da Rambla de Catalunya até a rotatória que forma a Plaça Francesc Macià, e as ruas atrás dela são boas para a moda mais sofisticada, ao passo que Gràcia é um lugar descontraído e charmoso para fazer compras, com moda e joalheria de grifes jovens de vanguarda.

LOJAS DE DEPARTAMENTOS

A maior loja de departamentos de Barcelona é El Corte Inglés, com uma filial na Plaça de Catalunya, outra próxima ao Portal de l'Angel, especializada em lazer, música, livros e esportes, e outras na Avinguda Diagonal. Abertas seg.-sex., 10h-22h. As filiais da Plaça de Catalunya e da Diagonal (n. 617) têm supermercados excelentes.

MODA

Grifes
Toni Miró (sem parentesco com o artista) é, de longe, o mais famoso estilista catalão, com peças discretas de linhas *clean*. Suas lojas, chamadas Groc, ficam na Rambla de Catalunya 100, na Carrer de Muntaner 385 e na Carrer del Consell de Cent 349. Outras grifes para visitar são Adolfo Dominguez, David Valls e Jean Pierre Bua.

Moda acessível
Na cidade velha, a Carrer de la Portaferrissa e o Portal de l'Angel são bons lugares para moda jovem. Na Carrer d'Avinyó e em torno dela, há muitas lojas da moda, como Loft Avignon, e El Born é hoje o lugar preferido das butiques. El Raval está rapidamente

chegando lá: Caníbal, na Carrer del Carmé 5, tem *designs* divertidos e exclusivos; já a Carrer de la Riera Baixa está cheia de brechós.

Sapatos

Os sapatos têm preços muito vantajosos na Espanha. Procure por estilistas catalães e espanhóis como Yanko e Farrutx (Carrer del Roselló, 218), de elegância sofisticada. Lotusse e Camper podem ser encontrados na Tascón (filiais em Passeig de Gràcia e El Born) ou em lojas próprias em Pelai, València, próximas ao Passeig de Gràcia, e Elisabets em El Raval. As melhores áreas para sapatos e bolsas são Portal de l'Angel, Rambla de Catalunya, Passeig de Gràcia, Diagonal e os shoppings.

COMIDA

Os melhores lugares para comprar comida são os mercados ou os *colmados* (mercearias). Seus destaques são azeitonas suculentas, recém-marinadas em alho, salsichas (chouriço e *sobrasada*), presuntos (*jabugo* é o melhor), queijos (*manchego*, *mahon*, *idiazabal*), nozes, frutas secas, chocolates artesanais, *turrón* (uma iguaria do tipo *nougat*, consumida no Natal), vinhos cava e moscatel.

Algumas das lojas mais finas da cidade são a Casa Gispert (Carrer dels Sombrerers, 23); Colmado Quilez (Rambla de Catalunya, 63); os fabricantes de chocolate Escribà (La Rambla, 83); Fargas (Carrer dels Boters, 2, na esquina com Pi e Cucurulla), para um *turrón* excelente; e Xocoa (Carrer de Petritxol, 11), cujos sabores inovadores incluem "cinco pimentas" e "tomilho".

Múrria (Carrer de Roger de Llúria, 85) oferece produtos refinados, incluindo cava com rótulo próprio, no mais bonito dos interiores modernistas; já Planelles Donat (Portal de l'Angel, 27) é especialista em *turrón* e faz sorvetes deliciosos no verão.

Acima, da esquerda para a direita: o shopping Maremagnum; decoração de interiores; moda de Eixample; sapatos Camper.

Mercados

Em quase todos os bairros há mercados cobertos que vendem frutas, verduras, carne e peixe. A maioria abre diariamente, exceto no domingo até as 15h. Evite ir às segundas, quando o estoque está baixo, porque o mercado distribuidor não abre. O maior mercado é Boqueria de La Rambla, aberto até as 20h.

Abaixo: loja histórica de chapéus no Barri Gòtic.

MODERNISMO

A arquitetura está na programação de muitos turistas em Barcelona, principalmente pelas obras exóticas de Antoni Gaudí e seus contemporâneos modernistas. O importante estilo arquitetônico da cidade buscou no passado sua principal inspiração.

Fim trágico
Recluso em seus últimos anos de vida, trabalhando na Sagrada Família, Antoni Gaudí foi atropelado por um bonde numa rua próxima à igreja. Os médicos, no início, não reconheceram o velho desgrenhado que sofrera o acidente, pensando tratar-se de um mendigo. Quando descobriram quem ele era, a cidade inteira foi ao funeral.

O modernismo catalão é a grande contribuição de Barcelona à arquitetura. Colorido e vistoso, esse estilo arquitetônico e artístico surgiu na época da Exposição Universal, realizada no Parc de la Ciutadella (*ver p. 58*) em 1888, e continuou até cerca de 1930, correspondendo aos movimentos *arts and crafts* [artes e ofícios] e *art nouveau* (ou *Jugendstil*, na Alemanha e na Áustria) no resto da Europa. Compartilhou com o movimento *arts and crafts* o foco em estilos tradicionais e no artesanato e, com o *art nouveau*, a obsessão por linhas sinuosas, formas e ornamentos orgânicos e a rebelião contra desenhos rígidos e pedras e rebocos sem cor.

Renascença catalã
Em Barcelona, o novo estilo assumiu motivos e significação nacionalistas, o que talvez explique por que foi tão bem preservado. O movimento era parte da *Renaixença* (Renascença) catalã, que olhava para o passado, inspirando-se no gótico catalão e em sua tradição nos trabalhos com ferro, e também nos estilos altamente elaborados da Espanha islâmica.

A expansão da cidade no séc. XIX (Eixample) deu aos arquitetos a liberdade e o espaço para experiências, e é nessa área que está a maioria dos edifícios modernistas da cidade.

FIGURAS IMPORTANTES

Os profissionais mais importantes do movimento foram Antoni Gaudí i Cornet (1852-1926), Lluís Domènech i Montaner (1850-1923), professor da Escola de Arquitetura da Universidade de Barcelona, e um de seus alunos, Josep Puig i Cadafalch (1867-1957). Para a Exposição Universal, Domènech projetou o que é hoje o Museu de Zoologia (*ver p. 59*), inspirado na Bolsa de Valores gótica de tijolos vermelhos de Valência, que depois se tornou ateliê de cerâmica, ferro batido e fabricação de vidro. Os acessórios e detalhes eram ingredientes essenciais nos edifícios modernistas, da mesma forma que um projeto coerente era crucial para o *design* dos movimentos *arts and crafts* e *art nouveau*.

Nos anos seguintes a seu apogeu, o modernismo catalão foi considerado a síntese do mau gosto; hoje, os edifícios modernistas se tornaram símbolos de uma cidade vibrante.

DESTAQUES

Illa de la Discórdia
Para compreender o modernismo catalão, comece no "quarteirão da discórdia", que recebeu este nome por causa da justaposição de três importantes edifícios adjacentes no Passeig de Gràcia –

a Casa Lléo Morera, de Domènech; a Casa Amatller, de Puig; e a Casa Batlló, de Gaudí (*ver p. 67*).

Obras de Gaudí

Depois de trabalhar subordinado a Josep Fontseré no Parc de la Ciutadella e na Plaça del Rei (*ver p. 34 e 38*), Gaudí conseguiu sua primeira encomenda, a Casa Vicens (*ver p. 82*) em Gràcia, aos 32 anos. Em 1878, conheceu o rico fabricante de tecidos conde Eusebi Güell, cuja fortuna e paixão pela arquitetura experimental – e capacidade de aceitar as ideias extravagantes do arquiteto – foram fundamentais para Gaudí. Esse encontro levou à construção, entre 1886-88, do Palau Güell (*ver p. 53*) e, depois, a partir de 1900, do Park Güell (*ver p. 71*).

Outras obras de Gaudí são La Pedrera (*ver p. 68*), na qual trabalhou a partir de 1905; a Casa Batlló (*ver acima*); e a monumental Sagrada Família (*ver p. 70*) na qual trabalhou a partir de 1883. O arquiteto, muito religioso, estava projetando a igreja, com suas extravagantes linhas orgânicas, quando morreu em 1926, aos 74 anos (*ver à esquerda*).

Outras obras importantes

Outras obras modernistas incluem o Palau de la Música Catalana (*ver p. 44*), protegido pela Unesco, um edifício suntuoso, com um interior espetacular. Sua fachada, repleta de esculturas e mosaicos, se esconde na Carrer de Sant Francesc de Paula. Há visitas guiadas, mas o melhor é assistir a um concerto sob a cúpula de vitrais, que derrama uma luz suave sobre o auditório.

O Hospital de la Santa Creu i de Sant Pau (*ver p. 71*), projetado por Domènech, era o mais avançado da Europa quando foi concluído, em 1901. Constituído, essencialmente, de uma série de pavilhões conectados por túneis subterrâneos, é uma das principais atrações modernistas da cidade.

Também de autoria de Domènech, na Carrer de Mallorca 291, fica a Casa Thomas, construída para o comércio de gravuras de um parente dele. Hoje, abriga a b.d., uma loja de *design* sofisticada, que vende excelentes reproduções de móveis e acessórios modernistas e vale a pena ser visitada.

Entre as obras importantes de Puig i Cadafalch, está a fábrica de tecidos Casaramona, construída aos pés do Montjuïc (*ver p. 73*), hoje um vibrante centro cultural, chamado CaixaForum (*ver p. 75*).

Acima, da esquerda para a direita: Hospital de la Santa Creu i de Sant Pau; Palau de la Música Catalana; vitral na Casa Batlló; detalhe de ferro batido no Palau Güell.

São Jorge e o dragão

O santo padroeiro da Catalunha era um dos temas favoritos dos modernistas. A Casa Batlló de Gaudí é dedicada a ele e tem "ossos" de dragão pontudos nos balcões das janelas.

Abaixo: banco orgânico, decorado com coloridos *trencadis* modernistas (mosaicos feitos de cacos de azulejos) no Park Güell, de Gaudí.

CATALÃO

Os turistas logo se darão conta de que o catalão é a língua oficial de Barcelona e da Catalunha. Todos os letreiros estão em catalão, e o idioma é falado entre os barceloneses, mesmo em grupos de não catalães.

Uso
O catalão é falado por pelo menos 6 milhões de pessoas na Catalunha; em Valência; na região do Roussillon, na França; em Andorra e em algumas regiões limítrofes de Aragón. Também é falado nas ilhas Baleares e na cidade de Alghero, na Sardenha, lugares governados pela Catalunha do séc. XIII ao XIV.

O catalão é uma língua românica, ou seja, derivada do latim, irmã do castelhano (espanhol), do francês, do italiano e do português. Tem um *staccato* característico que a faz soar diferente do castelhano, mas a escrita é bem parecida.

USO PRIMITIVO

O catalão começou a ser empregado no séc. XIII, particularmente em códigos jurídicos, como o *Consolat de Mar*, que estabeleceu as leis de navegação mediterrânea. As quatro grandes crônicas da vida de Jaime I, o Conquistador, também são dessa época. Uma das famílias que se estabeleceu em Maiorca, com as conquistas de Jaime, foi a de Ramon Llull (1232-1315), que deixou escritos religiosos e filosóficos em catalão (bem como em latim e árabe).

IDADE DE OURO

A idade de ouro da literatura catalã foi no séc. XV, quando se iniciaram os *Jocs Florals* (jogos florais) como competições linguísticas entre trovadores. Eram uma imitação de eventos parecidos em Toulouse, na França, onde era falado o languedociano, uma língua regional semelhante ao catalão. *Tirant, lo Blanc*, um romance de cavalaria escrito por Joanot Martorell, publicado em 1490, precedeu o *Don Quixote* de Miguel de Cervantes em mais de um século. Visto por alguns como o maior romance europeu de seu século ("por seu estilo, é este o melhor livro do mundo", diz o cura em *Don Quixote*), *Tirant* foi traduzido em todo o mundo.

SÉCULO XVIII

Depois da Guerra de Sucessão (1705-15), a Catalunha foi punida por ficar ao lado do arquiduque Carlos, da casa de Habsburgo. O castelhano se tornou a língua oficial, e o catalão foi relegado ao uso religioso e popular. Foi só na época da Revolução Industrial, com uma classe média dinâmica no séc. XIX, que um reflorescimento econômico e cultural conhecido como *Renaixença* (Renascença) recuperou o catalão.

Suas principais estrelas foram poetas, notadamente Jacint Verdaguer (1845-1902), padre que ganhou muitos prêmios nos *Jocs Florals*, que haviam sido retomados. Nas escolas ainda se exige a leitura de sua poesia, e o hino *El Virolai*, composto por ele, é cantado diariamente pelo coro de Montserrat. O sentimento nacionalista catalão permeou todas as artes; pode-se dizer que a arquitetura modernista catalã, que se inspirou na idade de ouro, é um ótimo exemplo da aspiração catalã.

Acima, da esquerda para a direita: letreiros em catalão.

SÉCULO XX

Em 1907, foi fundado o Institut d'Estudis Catalans para "o restabelecimento e a organização de todas as coisas relacionadas à cultura catalã". Com a instauração da Generalitat em 1931, o catalão retomou o *status* de língua oficial.

No entanto, a vitória de Franco na Guerra Civil Espanhola (1936-39) baniu do uso público, assim como o galego e o basco. Livros, jornais e filmes foram submetidos a uma censura draconiana. A imposição de um sistema educacional inteiramente castelhano fez que uma geração de falantes de catalão não aprendesse a ler nem escrever em sua língua materna, que, no entanto, continuava a ser falada.

LÍNGUA OFICIAL

Com o restabelecimento da democracia na Espanha, o catalão foi designado, com o castelhano, como língua oficial da Catalunha. Foram lançadas campanhas, e os pontos de vista de nacionalistas exaltados se fizeram sentir. Não foi um momento fácil: muitos na cidade não são catalães nativos e ficaram preocupados, pois seus filhos seriam educados numa língua que não entendiam. Mas o governo começou a implementar uma política de "normalização linguística", por meio da qual o catalão foi reintegrado a todos os aspectos da vida pública, do governo e da mídia. Em 1990, o Parlamento europeu aprovou uma resolução que reconhecia o catalão e seu uso na União Europeia, e houve até um movimento para que um time nacional catalão fosse para os Jogos Olímpicos de 1992.

Hoje, o catalão floresce nas artes e nas ciências, na mídia e na propaganda. Barcelona é uma cidade bilíngue, embora sejam evidentes os vários graus de proficiência nas duas línguas. Algumas pessoas mais velhas, escolarizadas antes da Guerra Civil, talvez não conheçam tão bem o castelhano; e, embora o catalão seja compreendido por quase todos, os imigrantes mais velhos talvez não o falem. A população escolarizada durante as últimas duas décadas domina, em geral, as duas línguas.

A razão subjacente a essa política linguística é que, se o catalão não for defendido, vai se transformar num dialeto local. Seus detratores alegam tratar-se de nacionalismo intolerante, mas o nacionalismo exaltado que surgiu com a autonomia está agora mais suave, e, na maior parte dos casos, as duas línguas coexistem pacificamente.

Lojas/Museus
Aberto *Obert*
Fechado *Tancat*
Segunda *Dilluns*
Terça *Dimarts*
Quarta *Mimecres*
Quinta *Dijous*
Sexta *Divendres*
Sábado *Dissabetes*
Domingo *Diumenge*

Frases úteis

Bom dia *Bon dia*
Boa tarde *Bona tarda*
Boa noite *Bona nit*
Como vai? *Com està vostè?*
Muito bem, obrigado, e você? *Molt bé, gràcies i vostè?*
Até logo, até a próxima *Adéu, a reveure*
Até mais tarde *Fins després*
Até amanhã *Fins demà*
Qual é o seu nome? *Com us diu?*
Meu nome é... *Em dic...*
1-10: *U/un/una, dos/dues, tres, quatre, cinc, sis, set, vuit, nou, deu*

HISTÓRIA: DATAS-CHAVE

A cidade ganhou poder sob os reis-condes medievais da Catalunha, depois entrou em declínio e foi submetida ao controle de Madri. A força para vencer essa inércia e uma profunda identidade catalã são fundamentais para a energia criativa de Barcelona.

Você sabia?
Em 1836, foi lançada em Barceloneta a primeira rampa de desembarque de um barco a vapor; os lampiões a gás foram introduzidos em 1842; e, em 1848, a primeira ferrovia da Espanha ligou Barcelona a Mataró.

DA HISTÓRIA ANTIGA À IDADE DE OURO

237 a.C.	O cartaginês Amílcar Barca estabelece uma base em Barcino.
206 a.C.	Os romanos derrotam os cartagineses.
531–54	Barcelona torna-se capital dos visigodos.
711	Os mouros invadem a Espanha e permanecem até 1492.
878	Vilfredo (Guifré), o Cabeludo, funda a dinastia dos condes de Barcelona.
1096–1131	Ramón Berenguer III expande o império catalão.
1213–76	Jaime I consolida o império e expande Barcelona.
1359	As *Corts Catalanes* (Parlamento da Catalunha) são instauradas. O séc. XIV é a idade de ouro da Catalunha.
1395	Os *Jocs Florals* – competições anuais para poetas e trovadores – são iniciados na Catalunha.

ESPANHA IMPERIAL

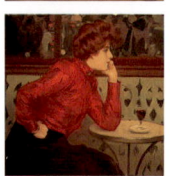

Ramón Casas
Casas (1866-1932) foi um dos artistas modernistas que mais brilharam no fim do séc. XIX. Acima, estão seu autorretrato, pintado para o café El Quatre Gats (*ver p. 35 e 123*), e um retrato de mulher.

1469	Fernão e Isabel unem Aragão e Castela.
1494	A administração da Catalunha fica sob controle castelhano.
1516	Carlos I (Carlos V, imperador do Sacro Império Romano-Germânico) sobe ao trono.
1659	Os territórios catalães ao norte dos Pireneus são cedidos à França.
1701–13	Guerra da Sucessão Espanhola.
1713–14	Cerco de Barcelona pelas tropas de Felipe V; construção da Ciutadella.
1835	Os conventos são dispersos por decreto governamental; muitos são destruídos para dar lugar a novas construções, como o Liceu e a Boqueria.
1860	Início da construção de Eixample, projetado por Ildefons Cerdà.
1883	Antoni Gaudí começa a trabalhar na Sagrada Família.

A ERA MODERNA

1888	Barcelona recebe sua primeira Exposição Universal.
1897	O café Els Quatre Gats é inaugurado e passa a ser assiduamente frequentado por artistas e escritores. Picasso, com 19 anos, expôs ali pela primeira vez.
1914	É formada na Catalunha a Mancomunitat (governo da província).

1923	O general Primo de Rivera impõe uma ditadura e proíbe o catalão.
1929	Uma segunda Exposição Universal é montada na área de Montjuïc. Prédios são erguidos, incluindo o Poble Espanyol.
1931	O partido republicano sobe ao poder.
1932	A Catalunha recebe o estatuto de independência, de curta duração.
1936–39	A Guerra Civil termina com o domínio de Franco e isola a Espanha. O catalão e a manifestação de costumes catalães são proibidos.
1975	Franco morre, e Juan Carlos é coroado rei. O catalão é reconhecido como língua oficial.
1979	Estatuto de autonomia. O catalão é restaurado como língua oficial.
1980	Jordi Pujol torna-se presidente da Catalunha.
1986	A Espanha ingressa na Comunidade Europeia (União Europeia). Começa uma onda de construções, presidida pelo prefeito socialista Pasqual Maragall (urbanista diplomado), como preparação para os Jogos Olímpicos.
1992	Os Jogos Olímpicos são realizados em Barcelona.
1994	O teatro lírico Liceu é devastado por um incêndio.

SÉCULO XXI

2003	Pujol é substituído por Pasqual Maragall na presidência da Catalunha.
2004	A cidade se expande para o norte, em torno da Diagonal, para o Fòrum 2004. A câmara de vereadores se torna a primeira da Espanha a opor-se às touradas.
2006	Um novo estatuto catalão é aprovado. Jordi Hereu torna-se o terceiro prefeito socialista da cidade. Maragall desiste de concorrer e é substituído por José Montilla na presidência.
2008	Celebração do centenário do Palau de la Música Catalana.

Acima, da esquerda para a direita: representação do séc. XIII do *Assalto à cidade de Maiorca*, no Palau Nacional; Barcelona cai diante dos exércitos de Felipe V, em 11 de setembro de 1714.

Comemorações e celebrações
O ano de 1992 foi importante para Barcelona não só por causa dos Jogos Olímpicos, comemorou-se também o 500º aniversário da descoberta da América por Colombo e da expulsão dos mouros da Espanha. Na verdade, foi só em 1493 que Colombo – Cristobal Colom – voltou triunfante para Barcelona, para ser recebido por Fernão e Isabel no Saló de Tinell, no palácio real. O navegador genovês, cuja estátua se ergue sobre um grandioso pedestal ao pé de La Rambla, pouco fez por Barcelona com sua descoberta. Sevilha era a cidade que tinha o direito de comerciar com o Novo Mundo, e Barcelona sofreu um declínio econômico.

À esquerda: pôster da Exposição Universal de Barcelona em 1929.

ITINERÁRIOS

1. La Rambla — 28
2. Barri Gòtic real — 34
3. Barri Gòtic oficial — 40
4. Sant Pere — 44
5. La Ribera e El Born — 46
6. El Raval — 50
7. A orla marítima — 54
8. Ciutadella — 58
9. Ao longo da costa — 62
10. Eixample — 66
11. Sagrada Família e Park Güell — 70
12. Montjuïc — 73
13. Barça — 78
14. Pedralbes — 80
15. Gràcia — 82
16. Tibidabo — 84
17. Sitges — 88
18. Circuito dos vinhos — 92
19. Circuito Dalí — 94
20. Montserrat — 96

LA RAMBLA

La Rambla, uma das avenidas mais encantadoras do mundo, é o primeiro lugar de Barcelona aonde qualquer turista deveria ir. Animada noite e dia, tem sempre alguma coisa que vale a pena ser vista – mesmo que sejam apenas os transeuntes.

DISTÂNCIA 1,5 km
TEMPO 1h30
INÍCIO Plaça de Catalunya
FIM Port Vell
OBSERVAÇÕES
Este é um passeio fácil que pode ser feito em qualquer hora do dia. Infelizmente, você deve ficar atento aos batedores de carteiras nesta rua tão popular.

Este calçadão arborizado já foi um rio que corria ao lado da muralha da cidade velha em direção ao mar. À esquerda, quando se desce para o porto, fica a Ciutat Vella, a Cidade Velha, com ruelas e vielas tentadoras (*ver p. 34 e 40*); já à direita (sudoeste), ficam as placas indicativas do moderno Museu d'Art Contemporani (MACBA) e da Casa Güell, a única obra de Gaudí nesta área, no antigo bairro operário de Raval (*ver p. 50*). O fluxo de pessoas faz barulho nas pedras do calçamento em ambos os lados do largo passeio sombreado por plátanos, e você atravessa de um lado para o outro na medida em que as curiosidades e atrações chamam sua atenção.

PLAÇA DE CATALUNYA

No alto de La Rambla fica a **Plaça de Catalunya** ❶, onde acaba a Cidade Velha e começa a nova (Eixample, *ver p. 66*), construída no início de séc. XX, estendendo-se para o interior. Uma estrela no meio do pavimento dessa grande praça aberta marca o coração geográfico da cidade.

A loja de departamentos El Corte Inglés, fundada em 1925, fica no lado nordeste da praça. O ônibus do aeroporto para ao lado e, nas proximidades,

Abaixo: vista aérea da Rambla.

está o letreiro "i", do centro de **informações turísticas** do subsolo. Um monumento anguloso do escultor local Josep María Subirachs homenageia Francesc Macià (1859-1933), presidente da Generalitat antes da Guerra Civil. Jogadores de xadrez costumam se reunir por ali. Ao lado da praça, no sentido sudoeste, fica o popular **Café Zurich**, ver ①.

LA RAMBLA

Desse ponto em diante, começa a **Rambla** (do verbo *ramblar*, perambular), um calçadão de 1,5 km de extensão, com bancas coloridas que vendem pássaros, flores, jornais e revistas, e cafés na calçada, abrigados sob seus plátanos. Músicos, mímicos, dançarinos de tango, comedores de fogo, adivinhos e outros artistas contribuem para a diversão, dia e noite.

Lugar elegante para passear desde o séc. XIX, La Rambla é, de fato, composta de cinco diferentes *rambles*: Canaletes, Estudis, Sant Josep, Caputxins e Santa

Onde comer 🍴
① **CAFÉ ZURICH**
Plaça de Catalunya; tel.: 93 317 91 52; €
Esta instituição da cidade foi reconstruída como parte do centro comercial El Triangle, quando a cidade foi empurrada para dentro do séc. XX pelos Jogos Olímpicos de 1992. Relaxe nas mesinhas da calçada, que se esparramam pela praça e faça sua escolha entre os típicos pratos de um café, como sanduíches, saladas, doces deliciosos e café.

Acima, da esquerda para a direita: El Corte Inglés; estátua na Plaça de Catalunya; vidros de perfume no centro comercial Triangle; adorno de ferro batido de meados do séc. XIX na Rambla.

Acima: flores, artista de rua e frutas frescas na Rambla.

Terminal subterrâneo
A Plaça de Catalunya é o principal terminal da cidade, com passagens subterrâneas que levam aos trens da FGC (para os subúrbios) e aos trens nacionais da Renfe; o metrô também para aqui.

PLAÇA DE CATALUNYA **29**

As portas da cidade
As quatro portas da cidade, que levavam à Cidade Velha, vindo de La Rambla, ficavam em Santa Ana, La Boqueria, Portaferrissa e Drassanes. Uma fonte azulejada (*fonte acima*), na Carrer de la Portaferrissa, mostra sua aparência na época.

Abaixo: em luzes, a razão de ser da Casa Beethoven.

Mònica; as três últimas levam os nomes dos conventos do lado sudoeste (direito) da rua, que deram a ela o nome de Caminho dos Conventos. Na década de 1830, essas poderosas instituições foram degradadas por revoltas e reformas. Até o séc. XV, os muros da cidade desciam pelo lado sudoeste da avenida.

Alto da avenida
O primeiro trecho, **Rambla de Canaletes**, leva o nome da fonte de água potável **Font de Canaletes** ❷, do séc. XIX, hoje um ponto de encontro muito conhecido. Alegres torcedores do Barça tradicionalmente se reúnem aqui para comemorar suas vitórias. Diz a lenda que, se você beber da água dessa fonte, certamente retornará a Barcelona. No entanto, se preferir o sabor de algo menos puritano, desvie à esquerda, na Carrer dels Tallers, até o **Boadas**, ver 🍴②.

Onde comer
② BOADAS
Carrer dels Tallers 1; tel.: 93 318 88 26; €
O mais antigo bar da cidade e indiscutivelmente o mais nostálgico, com sua decoração dos anos 1930 e paredes cobertas de caricaturas do primeiro proprietário, de quem o bar recebeu o nome. Ele preparava um *mojito* excelente, habilidade aprendida dos pais cubanos; sua filha, Dolors Boadas, continua a tradição.

③ PASTILERIA ESCRIBÀ
Rambla de les Flores 83; tel.: 93 301 60 27; €
Este café é apenas um ponto da famosa confeitaria e fábrica de chocolate Escribà, com uma comida tão fascinante quanto sua fachada.

De volta à rua principal, o trecho seguinte é a **Rambla dels Estudis**, que tem esse nome por causa da universidade que funcionou aqui até 1714. No n. 115, à direita, fica o **Poliorama** ❸ (tel.: 93 317 75 99; <www.teatrepoliorama.com>), um teatro de 64 lugares, onde a principal atração são comédias e musicais. Os andares superiores abrigam a Academia Real de Ciências e Artes. Olhe para cima, para ver o primeiro relógio da cidade, construído em 1888, com a inscrição *Hora Oficial*.

Palau Moja
Do lado oposto, depois do Hotel Rivoli, está a colunata da livraria da Generalitat, que tem mapas e livros luxuosos sobre a cidade e a região. A loja ocupa parte do andar térreo do neoclássico **Palau Moja** ❹ (Carrer de la Portaferrissa, 1; tel.: 93 316 27 40; ligue antes para agendar uma visita; grátis), do séc. XVIII, que pertence ao departamento de cultura da Generalitat. O edifício abriga exposições temporárias e merece uma visita, só para apreciar os belos murais barrocos de Francesc Pla (1743-92) no grande salão do 1º andar. A entrada principal do palácio e a entrada para o pátio do palácio ficam na Carrer de la Portaferrissa, uma animada rua de compras que já foi uma das vielas por onde se entrava na Cidade Velha. Hoje, é uma rua apreciada por seus sapatos, a moda e os artigos de couro.

Mare de Déu de Betlem
Do outro lado de La Rambla, em frente ao palácio, fica a igreja barroca do séc. XVII **Mare de Déu de Betlem** ❺ (Carrer

Acima, da esquerda para a direita: o pavimento de Miró na Pla de la Boqueria; letreiro do mercado; vitral da Boqueria; peixes frescos no mercado.

del Carme, 2; tel.: 93 318 38 23; grátis), vazia desde que foi queimada na Guerra Civil e só recentemente reformada. Ela era parte de um convento jesuíta e uma estátua do fundador da ordem, o santo basco Inácio de Loiola, junta-se a São Francisco de Borja para guarnecer a entrada.

Palau de la Virreina
Depois da igreja, o passeio retrocede, para proporcionar uma vista mais ampla do **Palau de la Virreina** ❻ (La Rambla, 99; tel.: 93 316 10 00; <www.bcn.es>; 3ª-sáb., 11h-14h, 16h-20h; dom., 11h-15h; pago), um imponente edifício rococó com decoração de alvenaria e metal. Foi concluído em 1777 para Manuel Amat, vice-rei da Espanha no Peru, amante dos prazeres da vida, que morreu aqui.

Construído em torno de dois pátios, é hoje um local de exposições importantes. Um pátio é usado para exibir os "gigantes" do Carnaval da cidade, enormes figuras que desfilam pelas ruas nas celebrações tradicionais.

Ao lado do palácio está a elegante e modernista **Casa Beethoven** (*ver à esquerda*), que vende partituras desde 1920. Do outro lado da rua, no n. 96, o **Museu de l'Eròtica** (tel.: 93 318 98 65; <www.erotica-museum.com>; diariamente, 10h-14h; pago) exibe atrevidas obras de arte gráfica, fotografias, esculturas etc.

La Boqueria
O Mercat de Sant Josep, do séc. XIX, mais conhecido como **La Boqueria** ❼ (2ª-sáb., 7h-20h), recebeu o nome do convento que ficava logo depois do Palau de la Virreina. Aqui, proprietários de restaurantes e gastrônomos de primeira categoria fazem compras de manhã bem cedo. Procure por cogumelos da estação, frutas e verduras superfrescas, deliciosos tipos de azeitonas, queijos e nozes, bancas de carne que vendem tudo o que você precisa para uma refeição, do focinho ao rabo, mais frutos do mar que brilham sobre o gelo.

Logo depois do mercado, na esquina da Carrer Petxina, há uma loja charmosa, com um frontispício de mosaico modernista, a **Antigua Casa Figueras**.

Café da manhã La Boqueria

O mercado é um ótimo lugar onde comer a qualquer hora do dia, mas, para uma experiência especial, chegue cedo e entre num dos bares para se fartar com o *esmorçar de cullera*, um café da manhã substancioso. O Quim de la Boqueria, com 18 lugares, é onde os *gourmets* locais se reúnem a partir das 8 da manhã para um desjejum preparado por Quim Márquez, cujos pratos inovadores incluem *fricassée* de alcachofra e aspargos brancos, tiras de cordeiro cozidas em cerveja preta e pequenos mariscos ao vapor em vinho espumante. O Pinotxo, aberto a partir das 6 da manhã, é um bar de mercado animado, especializado em ostras e cava, onde há sempre a acolhida calorosa da família Bayen. Como alternativa, experimente o igualmente agitado Kiosk Universal.

Estrelas da música

A Catalunha produziu várias estrelas líricas importantes, entre elas Victoria de los Angeles, Montserrat Caballé e José Carreras (*juntos, acima*), bem como músicos excepcionais como o pianista e compositor Isaac Albéniz, o violoncelista Pau Casals (que tinha um orgulho notório de ser catalão e frequentemente tocava *El Cant del Ocells* – A Canção dos Pássaros – uma conhecida peça folclórica catalã) e o compositor Federico Mompou.

Hoje, ela abriga a **Pastileria Escribà**, ver 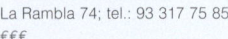③, de propriedade da dinastia barcelonesa de fabricantes de chocolate, a família Escribà.

Pla de la Boqueria

Em frente ao mercado, fica a praça de mesmo nome, **Pla de la Boqueria** ❽, de onde ruelas à esquerda conduzem ao Barri Gòtic (*ver p. 34*). Quando os muros da cidade ainda estavam de pé, era o lugar das execuções públicas. Hoje, é consideravelmente mais agradável, avivado pelo mosaico colorido de Joan Miró no pavimento.

Ao lado, fica a **Casa Bruno Quadras**, construída em estilo oriental, com leques, lanternas e um dragão chinês verde espiralado de Josep Vilaseca. Projetada para uma loja de guarda-chuvas, em meados da década de 1880, hoje é ocupada por uma caixa econômica.

Onde comer

④ CAFÉ DE L'OPERA
La Rambla 74; tel.: 93 317 75 85; €€€
Aberto das 8h às 2h da madrugada, este café histórico com garçons ao estilo do tempo antigo, profissionais tarimbados em trajes tradicionais, é a escolha ideal para um intervalo a qualquer hora do dia. Serve bons cafés da manhã, mas é a parada favorita da turma da ópera depois do espetáculo.

⑤ EL TAXIDERMISTA
Plaça Reial 8; tel.: 93 317 06 97; €€
Antigamente local do museu histórico da cidade, este excelente bar-restaurante está bem situado na Plaça Reial. É um bom lugar para *tapas* ou uma refeição, a qualquer hora, e tem cardápios do dia baratos na hora do almoço.

Gran Teatre del Liceu

O quarteirão da Carrer de Sant Pau até a Carrer de la Unió é tomado pelo **Gran Teatre del Liceu** ❾ (reservas tel.: 902 53 33 53; <www.liceubarcelona.com>; visitas diárias, 10h-13h; pago). As instalações deste teatro lírico do séc. XIX foram melhoradas quando o prédio foi reconstruído, depois do incêndio de 1994. Uma das principais instituições da cidade atrai estrelas líricas de primeira grandeza e também jazz, cabaré e filmes. Há uma loja e um café no subsolo, embora o histórico **Café de l'Opera**, ver 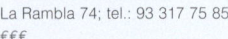④, fundado em 1929 e um dos poucos cafés tradicionais que ainda restam na cidade, fique logo do outro lado de La Rambla.

Hotéis tradicionais

Muitos hotéis históricos estão em La Rambla. Entre eles, o **Oriente** (*ver p. 114*), logo depois do Liceu. O claustro interno do Colégio Franciscano de São Boaventura, sobre o qual esse hotel foi construído, continua intacto.

A primeira à direita, depois do Oriente, é a **Carrer Nou de La Rambla**, que abriga, logo à esquerda, nos n. 3-5, o **Palau Güell** (*ver p. 53*), a única obra de Gaudí na Cidade Velha.

Plaça Reial

Do lado oposto a Carrer Nou de la Rambla, um grande arco desbotado leva à **Plaça Reial** ❿, uma das praças mais animadas da cidade. Sob suas colunatas, estão cafés como **El Taxidermista**, ver 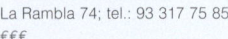⑤. No n. 17 fica o lendário clube de *jazz* **Jamboree** (tel.: 93 319 17 89; <www.masimas.com>; diariamente,

20h-11h; pago), dos anos 1960. Músicos de *jazz* geniais tocam no subsolo. O clube também realiza baladas e números de música latina, *funk*, *soul* e *hip-hop*.

Rumo ao porto

Depois da Plaça Reial, a Rambla se alarga à esquerda na **Plaça del Teatre** ⓫. O primeiro teatro de Barcelona ficava neste lugar, e Frederic Soler (1835-95), fundador da versão atual, o **Teatre Principal**, é homenageado com uma estátua imponente. Infelizmente, hoje, Soler é mais lembrado em razão do banheiro público sob seu monumento – um grande alívio, já que os bares recebem cada vez menos não clientes em suas dependências.

Mais abaixo, em La Rambla 7, à direita, fica o **Centre d'Art Santa Mònica** ⓬ (tel.: 93 316 28 10; <www.centredartsantamonica.net>; 3ª-sáb., 11h-20h; dom., 11h-15h; grátis). Os antigos claustros são hoje três andares de galerias. O bar e café do segundo andar tem um terraço grande, com vistas da Rambla.

Nesse ponto, uma bilheteria no meio de La Rambla vende ingressos para o **Museu de la Cera** ⓭ (Museu de Cera; Passatge de la Banca; tel.: 93 317 26 49; <www.museocerabcn.com>; inverno: 2ª-6ª, 10h-13h30, 16h-19h30; sáb.-dom., 11h-14h, 16h30-20h30; verão: 10h-22h; pago). Mais de 360 modelos de cera estão expostos nesse prédio. No interior dele, também fica El Bosc de les Fades, uma "floresta" encantada com gnomos e árvores retorcidas iluminados de maneira mágica.

Monumento a Colombo

Você não pode perder a última parada deste passeio, o **Monument a Colom** ⓮ (Monumento a Colombo; tel.: 93 302 52 24; diariamente, 10h-18h30; pago), de 50 m de altura, projetado por Gaietà Buïgas e coroado por uma escultura de Colombo, feita por Rafael Arché para a Exposição Universal de 1888. Observe que Colombo não está apontando para o Novo Mundo, como se acredita; os barceloneses afirmam que ele simplesmente aponta para o mar. Para uma bela vista do porto e da cidade, pegue o elevador até o topo.

Ao sul da estátua, ficam a orla marítima e o **Port Vell**, onde a Rambla se torna a **Rambla de Mar** (*ver p. 54*), um calçadão que leva à marina.

Acima, da esquerda para a direita: teatro lírico Liceu; José Carreras e Montserrat Caballé; compras na Rambla; dragão e leque orientais na Casa Bruno Quadras.

Pipa Club

A partir das 18h, os fumantes podem saborear suas baforadas sem restrições no Pipa Club (Plaça Reial, 3; tel.: 93 302 47 32; <www.bpipaclub.com>), que tem várias salas, uma atmosfera vitoriana intimista e serve comida. Às vezes, há apresentações de *jazz* ao vivo.

Abaixo: bicicletas do município, ao lado do porto.

BARRI GÒTIC REAL

O conjunto que abrange a catedral e o palácio real fica no coração da Cidade Velha, que também inclui uma parte da Barcino romana. Essas construções imponentes contrastam com os claustros delicados e as ruelas estreitas da área.

DISTÂNCIA 1,5 km
TEMPO 3–4 horas
INÍCIO Avinguda del Portal de l'Angel
FIM Plaça del Rei
OBSERVAÇÕES
Este é um passeio fácil através das ruas de pedestres de um dos mais completos bairros medievais da Europa. Observe que essas ruelas costumam ter bastante movimento aos sábados.

Acima: palmeiras e postes de luz de Gaudí, na Plaça del Rei.

Este itinerário começa na Plaça de Catalunya, onde ficava o Portal de l'Angel, a principal entrada da cidade medieval para quem vinha do interior. Pode ser combinado com elementos do próximo passeio, que cobre o "Barri Gòtic oficial" (*ver p. 40*).

AVINGUDA DEL PORTAL DE L'ANGEL

A movimentada **Avinguda del Portal de l'Angel** ❶ sai da Plaça de Catalunya e leva ao Barri Gòtic. É uma larga rua para compras, ideal para quem procura sapatos ou moda a preços módicos.

Santa Anna

Um desvio o aguarda logo na primeira esquina, à direita, na **Carrer de Santa Anna**. Portões de ferro a meio caminho, à direita, ao lado de uma banca de flores, levam aos claustros góticos de dois andares da igreja medieval de **Santa Anna** ❷ (2ª-sáb., 9h-13h, 16h30-20h; dias de festa 10h-14h; grátis). Nessa igreja, construída para os templários no séc. XII, o claustro e a casa do capítulo continuam intactos.

A necrópole

Saindo de Santa Anna, desça a Carrer de Bertrellans, do lado oposto da ma-

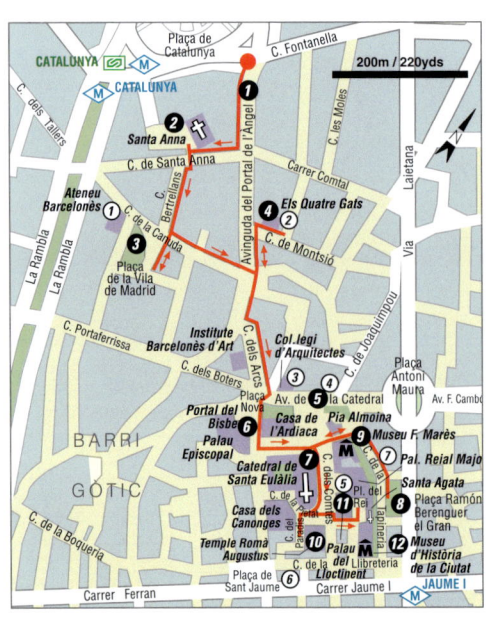

ravilhosa loja de leques Guantería Alonso, e entre a **Plaça de la Vila de Madrid** ❸, projetada para dar destaque a uma necrópole romana descoberta nos anos 1950, hoje bastante diminuída por uma grande loja de artigos esportivos Decathlon que domina a praça.

Em frente, na Carrer de la Canuda 6, fica um palacete do séc. XVIII que, em 1860, passou a abrigar o centro cultural **Ateneu Barcelonès**. Com lindos quadros de Francesc Pla e funcionando como centro cultural, realiza exposições temporárias e também tem um bom restaurante, o **Ateneu**, ver 🍴①.

Els Quatre Gats
Agora, volte para a Avinguda del Portal de l'Angel. Subindo a rua, do outro lado, fica a Carrer de Montsió, onde está a Casa Martí, uma bela construção modernista, projetada em 1897 pelo arquiteto Puig i Cadafalch. Ela ficou famosa como **Els Quatre Gats** ❹ (Os Quatro Gatos), ver 🍴②, um café de pretensões artísticas, frequentado pelos artistas de Barcelona no começo do séc. XX.

Escolas de arte
Continue descendo a Avinguda del Portal de l'Angel, virando à esquerda e passando pelo **Institut Barcelonès d'Art**, local do Reial Cercle Artístic.

Depois dele, à esquerda, fica o **Col.legi d'Arquitectes**, cujo frontispício é coroado por um friso desenhado por Picasso e executado pelo artista norueguês Carl Nesjar. Concluído em 1961, foi a primeira obra de Picasso a aparecer na Espanha depois de seu autoexílio durante a Guerra Civil. A escola tem um agradável restaurante, ver 🍴③.

PORTAS ROMANAS

Agora, a ruela abre-se para a **Avinguda de la Catedral** ❺. O trecho de 1,5 km do que resta da muralha romana que circundava a cidade no séc. IV começa aqui. A muralha, construída de pedras colossais (a maior delas tem cerca de 3,5 m de espessura e 9,5 m de altura), tinha originalmente 78 torres quadradas, das quais ainda restam algumas.

> ## Onde comer
>
> ① **ATENEU**
> Carrer de la Canuda 6; tel.: 93 318 52 38; €€
> O restaurante do centro cultural Ateneu Barcelonès, ao lado da Plaça de la Vila de Madrid, prepara os famosos e substanciosos pratos da cozinha campestre catalã, incluindo pato, ganso e coelho.
>
> ② **ELS QUATRE GATS**
> Carrer de Montsió 3; tel.: 93 317 30 22; €€
> Neste histórico café e restaurante frequentado por artistas, Pablo Picasso fez sua primeira exposição em 1900. Arrisque-se a comer aqui: a comida é bem aceitável e a atmosfera do lugar, um grande atrativo.
>
> ③ **COL.LEGI D'ARQUITECTES**
> Plaça Nova 5; tel.: 93 306 78 50; fechado sab.-dom.; €
> A cafeteria do térreo do Col.legi d'Arquitectes serve uma comida inovadora e, no almoço, tem um menu a preços convidativos.

Acima, da esquerda para a direita: as bonitas e antigas vielas da área; a Casa de l'Ardiaca (*ver p. 36*).

A esplêndida Barcelona
No fim do séc. XVI, o escritor Lope de Vega registrou: "Assim como uma esplêndida fachada realça o valor de um edifício, a grande Barcelona se ergue na entrada da Espanha como o pórtico que emoldura uma célebre entrada".

Abaixo: detalhes do friso de Picasso (executado por Carl Nesjar) que encima o Col.legi d'Arquitectes.

Vista dos telhados
Para uma boa vista do Barri Gòtic e detalhes das torres, pegue o elevador na nave (à esquerda da entrada) até o telhado da catedral. A vista vale o preço cobrado.

Acima: os famosos gansos mal-humorados da catedral.

Uma torre forma o **Portal del Bisbe** ❻, ao lado do qual se podem ver as ruínas do aqueduto que trazia água para a cidade romana. Passando por essa "porta", à direita, fica o **Palau Episcopal** (Palácio Episcopal; tel.: 93 301 10 84), construído em 1769 ao redor de um pátio do séc. XII, que se pode ver da entrada principal.

Os interiores de três outras torres romanas podem ser vistos na **Casa de l'Ardiaca** (Casa do Arquidiaconato; tel.: 93 318 11 95; grátis), ao lado da catedral, na Carrer de Santa Llúcia 1. A casa tem um bonito pátio, no qual uma palmeira se ergue sobre uma fonte. Observe aqui a caixa de correio decorada com andorinhas e tartarugas – representando correio rápido e lento – acrescentada em 1908 pelo arquiteto modernista Domènech i Montaner.

Em frente à Casa de l'Ardiaca, fica a bela capela românica de **Santa Eulàlia**, construída em 1269, uma das partes mais antigas da catedral de que faz parte.

CATEDRAL DE SANTA EULÀLIA

Desde o séc. X existe um templo cristão na Plaça de la Seu, local da catedral atual. O primeiro foi destruído por Al-Mansur, vizir de Córdoba, em 985. O atual, a **Catedral de Santa Eulàlia** ❼ (tel.: 93 342 82 60; <www.catedralbcn.org>; 2ª-6ª, 8h-12h45, 17h-19h30; sáb., 8h-12h45, 17h-18h; dom., 8h-9h, 17h-18h; claustro, diariamente, 9h-12h30, 17h-19h; grátis), foi iniciado em 1298, sob Jaime II, e concluído em 1417, embora sua fachada principal, a ocidental, não tenha sido terminada até o início do séc. XX.

Sardana aos domingos

Todo domingo de manhã, as pessoas se reúnem do lado de fora da catedral para dançar a tradicional sardana da Catalunha. Quando a música começa, amigos dão-se as mãos para formar círculos e colocam qualquer coisa que estejam carregando no centro. Qualquer um pode participar, simplesmente se posicionando entre duas pessoas – mas nunca entre um homem e a mulher que esteja à direita dele. Quando o círculo fica muito grande, grupos menores se separam e formam novos círculos. A fisionomia séria dos dançarinos é resultado da concentração para contar os passos curtos e lentos e os passos longos e vigorosos, de forma que todos terminem no momento certo. A banda que acompanha, ou *cobla*, tem 11 músicos, e o líder, sentado, toca o *flabiol* (flauta de 3 orifícios) e marca o ritmo num *tabal* (tamboril) preso ao braço. Cada música dura cerca de 10 min., e uma *audació*, uma sessão normal, é composta por meia dúzia de músicas, cujas origens datam de meados do séc. XIX.

O interior da catedral

A catedral austera e altiva tem três naves e um coro central. Embaixo do altar, fica a cripta de Santa Eulália, cujos restos mortais foram colocados aqui mil anos depois de seu martírio nos expurgos romanos de Daciano; sua tumba de alabastro, atrás do altar, foi esculpida em 1327. Das 29 capelas laterais, a mais notável é a de São Salvador, que exibe uma *Transfiguração* (1442) de Bernat Martorell.

Uma placa no batistério, à esquerda da entrada, informa que os seis primeiros caribenhos trazidos para a Europa por Colombo foram batizados aqui em 1º de abril de 1493. Na capela de Cristo de Lepanto, à direita da entrada, pode-se ver o crucifixo carregado pela nau capitânia na decisiva batalha de Lepanto, em 1571, que tirou dos otomanos o controle do Mediterrâneo.

Claustros

Entre os pontos de especial interesse da catedral estão seus claustros, cercados por uma balaustrada de ferro do séc. XV. O ambiente fresco é acentuado pela musgosa Font de les Oques, uma fonte de água potável que recebeu esse nome por causa dos 13 gansos (um para cada ano de vida de Santa Eulália) que vivem aqui. Observe no chão os entalhes gastos de sapatos e tesouras, que representam as várias guildas (de sapateiros, alfaiates etc.) que pagaram pela capela.

Em torno da catedral

Em frente à catedral, fica o **Hotel Colon**, ver 🍴④. No extremo da praça, a muralha romana continua, passando por uma casa de caridade do séc. XV, a **Pia Almoina**, que abriga o **Museu Diocesa** (Avinguda de la Catedral, 4; tel.: 93 315 22 13; 3ª-sáb., 10h-14h; dom., 11h-14h; pago), que expõe retábulos, esculturas e outras imagens sacras.

A muralha, então, desce a Carrer de la Tapineria até a **Plaça de Ramón Berenguer el Gran ❽**. A estátua equestre desse conde do séc. XII, que anexou a região francesa da Provence à Catalunha pelo casamento, é de Josep Llimona (1864-1934).

MUSEU FREDERIC MARÈS

À esquerda da catedral, a Carrer dels Comtes desce ao lado do conjunto do antigo palácio real dos condes-reis de Barcelona-Aragão. À esquerda, na Plaça de Sant Iu 5-6, fica o **Museu Frederic Marès ❾** (tel.: 93 319 58 00; <www.museu-mares.bcn.es>; 3ª-sáb., 10h-19h; dom., 10h-15h; pago, exceto 4ª, 15h-19h). No séc. XIII, este era o palácio do bispo, antes de se tornar a casa dos condes de Barcelona e dos condes-reis de Barcelona-Aragão.

Acima, da esquerda para a direita, na catedral: vista do telhado; velas; fachada; o interior bem alto.

Em busca de pechinchas

Toda quinta-feira, há uma feira de antiguidades e objetos usados na Plaça Nova, do lado de fora da catedral.

Onde comer

④ HOTEL COLON
Avinguda de la Catedral 7; tel.: 93 301 14 04; €€
Este hotel elegante e antiquado tem um bom restaurante, mas caro, La Carabela. Porém, você pode apenas se sentar numa das mesinhas da calçada e tomar um drinque, enquanto vê a vida passar.

Acima, da esquerda para a direita: arte em pedra, azulejos e imagem no Museu Frederic Marès; Plaça del Rei.

Hoje, abriga uma coleção extraordinária, principalmente de objetos religiosos, reunidos por Marès, um rico escultor local que morou no palácio e manteve aqui um ateliê até sua morte, aos 97 anos, em 1991. Há uma grande coleção românica, com alguns crucifixos particularmente belos, e até mesmo portais inteiros.

Nos andares superiores, há uma miscelânea maravilhosa de lembranças, incluindo brinquedos, cachimbos, fechaduras, relógios, câmeras e cartões-postais, e o ateliê-biblioteca de Marès. Abrigado no pátio, fica um bonito café, ver ⑤.

TEMPLO ROMANO DE AUGUSTO

Para um pequeno desvio, siga as paredes curvas da catedral, entrando na Carrer de la Pietat, ao lado da **Casa dels Canonges**, dos sécs. XIV ao XVI, e vire na primeira à esquerda, a Carrer del Paradis. Entre no n. 7, para ver 4 colunas coríntias que fizeram parte do **Templo Romano de Augusto** ❿ (tel.: 93 315 11 11; 3ª-sáb., 10h-20h; grátis). Localizado no ponto mais alto da cidade fortificada, este foi o principal edifício religioso nos tempos romanos. Hoje, é a maior relíquia individual daquele período na cidade.

PALAU DEL LLOCTINENT

Voltando para o Museu Frederic Marès – ou, melhor, logo adiante –, uma bonita passagem conduz ao elegante pátio do **Palau del Lloctinent** ⓫ (em reforma), que tem o nome do Lloctinent (lorde lugar-tenente, neste caso, vice-rei) que residia aqui. Parte do antigo palácio real (Palau Reial), projetada em estilo renascentista, entre 1549 e 1557, pelo arquiteto Antoni Carbonell, esta construção foi depois adornada em estilo gótico catalão – caracterizado por linhas horizontais e paredes sólidas e sem enfeites (em vez dos espaços grandiosos do gótico clássico) entre colunas, torres octogonais e telhados planos.

Além do vice-rei, o palácio também abrigou o arquivo da Casa de Aragão e, num tom mais sinistro, a sede da Inquisição espanhola em Barcelona.

PLAÇA DEL REI

Ao lado, está a **Plaça del Rei**, o coração da velha cidade real.

Museu histórico da cidade

Chega-se aos principais edifícios reais em torno da praça pelo excelente **Museu d'Història de la Ciutat** ⓬ (Plaça del Rei 1; tel.: 93 315 11 11; <www.museuhistoria.bcn.es>; out.-mai.: 3ª-sáb., 10h-

Abaixo: Museu d'História de la Ciutat.

14h, 16h-20h; dom., 10h-15h; jun.-set.: 3ª-sáb., 10h-20h; dom., 10h-15h; o ingresso inclui entrada para o antigo palácio real e a capela).

O museu ocupa a Casa Clariana-Padellàs, residência de um mercador do séc. XVII, trazida para cá em 1930, pedra por pedra, depois da abertura da vizinha Via Laietana, cortando a Cidade Velha. Na reconstrução da casa, descobriram-se ruínas romanas no subsolo. Hoje, uma área enorme das fundações da cidade romana está exposta sob a praça. Um elevador leva os visitantes para essa cidade subterrânea, que tem ruas de lojas e fábricas, de tingimento de tecidos a vinícolas.

Essas pedras antigas também representam a construção do primeiro palácio cristão que se localizou aqui entre os sécs. VI e VIII, prefigurando o palácio dos condes-reis de Barcelona.

Palau Reial Major

Saindo da penumbra romana, chega-se ao **Palau Reial Major**, o antigo palácio real, dominado pelo **Saló del Tinell**, grande salão e sala do trono. Seus enormes arcos interiores de pedra foram desenhados no séc. XIV para Pedro III (o Cerimonioso) por Guillem Carbonell, responsável também por grande parte da fachada do palácio. Diz-se que Cristóvão Colombo foi recebido no Tinell por Fernão e Isabel. Hoje, o salão é usado para concertos e exposições.

A **Capela Reial de Santa Agata**, construída para Jaime II (o Justo) em 1312, é um adorno raro num conjunto, em sua maioria, bastante austero. O brasão de Jaime pode ser visto atrás do retábulo da Epifania, pintado por Jaime Huguet em 1464-65; já as cenas do martírio de Santa Ágata estão numa capela à esquerda.

FIM DO PASSEIO

Volte para a frente do Museu d'Història de la Ciutat, onde, entre pequenas lojas extravagantes, no n. 7, está o fabricante de velas **Cereria Subirà**, a loja mais antiga da cidade. Pare para um drinque ou um chocolate quente com churros no pitoresco **Mesón del Café**, ver ⑥, ou simplesmente pegue um sanduíche no **Il Panetto**, ver ⑦, virando a esquina na Carrer de la Tapineria. Uma alternativa é comer um doce ou salgado numa das *pastelerias* da área: as especialidades são as *tartaletas de music* (tortas de "música" – tortinhas de nozes mistas) e as *empanadas catalãs* (tortas recheadas com atum e azeitonas).

Vinho de Barcino
A Barcino romana era famosa por sua salmoura de peixe (*garum*) e pelo vinho barato, o Vi de le Laietanis, que resistia bem ao transporte – traços dele foram encontrados em toda a Europa. Na era romana, o consumo médio diário de vinho variava de meio litro a 3/4 de litro (1–1$^{1}/_{2}$ *pints*).

Onde comer

⑤ CAFE D'ESTIU
Plaça de Sant Iu 5–6; tel.: 93 310 30 14; fechado às seg.; €
Este café arborizado no pátio externo do Museu Frederic Marès serve lanches aceitáveis. O nome, que significa "café de verão" em catalão, reflete o fato de que ele só abre entre maio e setembro.

⑥ MESÓN DEL CAFÉ
Carrer de la Llibretería 16; tel.: 93 315 07 54; €
Este pequeno e pitoresco café funciona desde 1909. Sente-se num banco do bar para um café delicioso ou um chocolate quente com churros.

⑦ IL PANETTO
Carrer de la Tapineria 4; tel.: 93 268 30 04; €
Na rua que passa ao lado da muralha romana e do palácio, este pequeno local é uma boa parada para sanduíches, sucos e bolos caseiros.

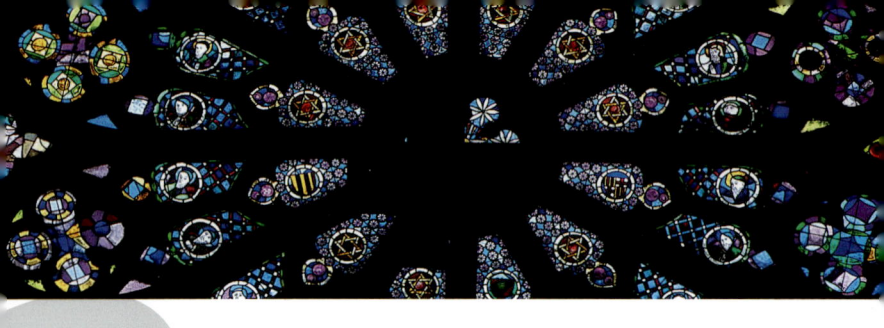

BARRI GÒTIC OFICIAL

Este passeio pelo bairro gótico se concentra nos edifícios do governo, na praça principal da região, a Plaça de Sant Jaume, e também leva ao bairro judeu. Nas ruas vizinhas, há algumas das lojas antigas mais atraentes da cidade.

Acima, da esquerda para a direita: rosácea de Santa Maria del Pi; as bandeiras catalã e espanhola no alto do Palau de la Generalitat, na praça de Sant Jaume, coração do setor administrativo do Barri Gòtic.

DISTÂNCIA 2 km
TEMPO 3–4 horas
INÍCIO Pla de la Boqueria
FIM Carrer de Ferran/La Rambla
OBSERVAÇÕES
É fácil desorientar-se nas ruas estreitas deste bairro, mas fique tranquilo, pois, neste passeio quase circular, você nunca estará longe da Plaça de Sant Jaume.

Descendo La Rambla, na metade do caminho, perto da estação de metrô Liceu, o dragão da Casa Bruno Quadras (*ver p. 32-3*), na **Pla de la Boqueria** ❶, sinaliza a esquina da Carrer del Cardenal Casañas. Essa ruela de livrarias e lojas de quadros e gravuras dá o tom da caminhada e conduz a uma das áreas mais características do Barri Gòtic.

SANTA MARIA DEL PI

Entre as atrações do Barri Gòtic, estão a **Plaça del Pi** e a adjacente **Plaça de Sant Josep Oriol**. Dominando ambas as praças, está **Santa Maria del Pi** ❷, a grande igreja gótico-catalã do séc. XIV. A basílica se distingue por seus vitrais (incluindo uma bela rosácea), muitos dos quais foram substituídos depois da destruição, em 1936, durante a Guerra Civil. Joseph Oriol (1650-1702), um padre milagreiro da localidade, está enterrado aqui.

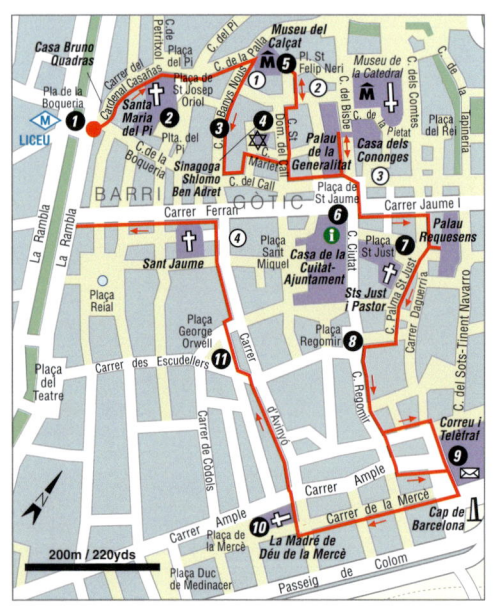

Onde comer
① **EL PORTALON**
Carrer de Banys Nous, 20; tel.: 93 302 11 87; €
Esta é uma *bodega* típica, com barris de vinho e *tapas*, embora já não seja o reduto masculino de outrora. Tem bons preços e atmosfera autêntica.

---

40 BARRI GÒTIC OFICIAL

A bonita arquitetura local da Plaça del Pi inclui o estuque na lateral do Hotel Pi e uma fachada modernista de aço inoxidável em La Gavineteria Roca, fornecedores de lâminas afiadíssimas desde 1911.

Carrer de Petritxol e Carrer de la Palla

No canto noroeste da Plaça del Pi fica a **Carrer de Petritxol**, uma pequena rua de galerias de arte e lojas. A Sala Parés, no n. 5, data de 1845 e foi a primeira galeria a expor o trabalho de Picasso. A **Carrer de la Palla**, próxima da Plaça de Sant Josep Oriol, é ladeada por lojas de antiguidades e livrarias, como a Angel Batlle, no n. 23, com uma vasta coleção de gravuras antigas.

Carrer de Banys Nous

Subindo a Carrer de la Palla, vire à direita e desça a **Carrer de Banys Nous** ❸, onde há lojas de antiguidades e objetos de segunda mão. Há também uma bonita bodega de tempos passados, **El Portalon**, ver ⓘ①, uma aconchegante *granja* (*ver à direita*) no n. 20 e a Artesania Catalunya, no n. 11, que abriga oficinas de artesanato. Na esquina com a Carrer del Call, fica a chapelaria Orbach, que vende borsalinos e as genuínas boinas catalãs.

BAIRRO JUDEU

As ruelas estreitas e sombreadas que ficam entre a Plaça del Pi e a Plaça de Sant Jaume evocam a Barcelona medieval. Aqui, o prazer está em simplesmente andar, bisbilhotar os pátios, ver vitrines, ler cardápios e admirar-se com a história que se acumula atrás das sólidas paredes de pedra.

Grande parte dessa área era o *call* ou bairro judeu – do hebraico *qahal* = congregação – que acolheu uma grande população judaica do séc. XII até 1391. Naquele ano, depois de distúrbios, causados pelas acusações de que os judeus teriam trazido a peste para a Espanha, o *call* foi praticamente destruído, muitos de seus habitantes assassinados e ao restante foi oferecida a escolha entre a conversão ou a expulsão. Um século depois, todas as religiões não católicas foram banidas.

A sinagoga

Vire à esquerda na Carrer del Call, depois na primeira à esquerda e na primeira à direita na Carrer Marlet. Incrustada na parede do n. 1, está uma tabuleta de 1314, em hebraico, que diz simplesmente: "Fundação sagrada do

Ponto do leite
O Barri Gòtic é famoso por suas *granges* (ou *granjas*), literalmente leiterias. Esses cafés tradicionais vendem principalmente bebidas à base de leite, incluindo a *orxata*, bebida espessa feita com leite e junça moída. As *granges* geralmente também têm uma boa variedade de doces e salgados.

Abaixo: um dos muitos antiquários do Barri Gòtic.

Pé grande
Uma atração do Museu del Calçat é um enorme par de sapatos feito para a estátua de Cristovão Colombo (*ver p. 33*) que fica no final de La Rambla. Segundo o *Guinness Book, o livro dos recordes*, são os maiores sapatos do mundo.

rabino Samuel Hassardi, para quem a vida jamais termina. Ano 62".

No n. 5, fica a sinagoga **Shlomo Ben Adret** ❹ (tel.: 93 317 07 90; <www.calldebarcelona.org>; 2ª-6ª, 11h-18h; sáb.-dom., 11h-15h; pago).

Museu do calçado

A Carrer Marlet leva até a Carrer de Sant Domènec del Call, onde se deve virar à esquerda e subir até a agradável e arborizada **Plaça de Sant Felip Neri** ❺. No n. 5, onde já funcionou a guilda dos sapateiros, fica o **Museu del Calçat** (Museu da História do Calçado; tel.: 93 301 45 33; 3ª-dom., 11h-14h; pago), que exibe a história dos calçados desde a era romana até o presente. Entre os destaques, o maior sapato do mundo (*ver à esquerda*).

Se precisar reabastecer depois de visitar o museu, o **Hotel Neri**, ver 🍴②, é uma boa opção.

PLAÇA DE SANT JAUME

A Carrer del Call vai dar na **Plaça de Sant Jaume** ❻, coração administrativo da cidade, onde antigamente ficava o fórum romano. A praça é um centro de comemorações e também um bom lugar para um lanche, ver 🍴③.

Palau de la Generalitat

O lado esquerdo da praça é dominado pela imponência gótico-renascentista do **Palau de la Generalitat** (tel.: 93 402 46 17; <www.gencat.net>; visitas a cada 30 min.; grátis), de onde se governa a Catalunha. O edifício é encimado por uma estátua de São Jorge, padroeiro da Catalunha, e adornado com rosas vermelhas (e aberto ao público) no dia desse santo, 23 de abril. A capela do séc. XV, de autoria de Marc Safont, e o **Pati dels Tarongers** (Pátio das Laranjeiras, às vezes, usado para concertos), no primeiro piso, estão entre os pontos de interesse.

A ruela que sobe à direita da Generalitat é a Carrer del Bisbe. À direita, fica a **Casa dels Canonges** (Casa dos Cônegos), do séc. XIV, hoje escritórios da Generalitat. Uma ponte neogótica, inspirada na Ponte dos Suspiros de Veneza, liga os dois prédios.

Ajuntament

Em frente à Generalitat, na Plaça de Sant Jaume, fica o **Ajuntament**, ou Casa de la Ciutat, a prefeitura de Barcelona (para visitas, vá ao posto de informações turísticas do térreo). A entrada é ladeada pelas estátuas de Jaime I e Joan Fiveller, vereador do séc. XV que regulamentou liberdades civis.

Onde comer

② HOTEL NERI
Carrer de Sant Sever 5; tel.: 93 304 06 55; www.hotelneri.com; €€
Experimente o bar do terraço no último andar deste palacete do séc. XVIII, hoje um hotel-butique. Lindas vistas do bairro gótico.

③ CAN CONESA
Plaça de Sant Jaume 10; tel.: 93 310 13 94; €
Lugar popular na esquina da Carrer de la Llibreteria e uma boa opção por seus famosos, deliciosos e baratos sanduíches quentes, com recheios que incluem omelete ou presunto e tomate. Fica aberto desde o café da manhã e à noite; frequentemente há fila.

④ EL GRAN CAFÉ
Carrer d'Avinyó 9; tel.: 93 318 79 86; €€€
Este café histórico, que lembra um restaurante parisiense *art nouveau* clássico, tem um belo interior modernista, com candelabros enormes. Bastante caro, mas tem cardápio do dia no almoço por preço vantajoso.

Os dois salões mais notáveis do edifício são o Saló del Consell de Cent, do séc. XIV, onde se realizam concertos, e o Saló de les Cròniques, onde, em 1928, Josep Maria Sert pintou cenas da expedição catalã a Bizâncio no séc. XIV.

AO SUL DE SANT JAUME

Saindo da Plaça de Sant Jaume, desça a Carrer de Jaume I, vire na segunda à direita, na Carrer de Dagueria, e dê uma olhada na Casa Oliveras, à esquerda, para ver as rendeiras trabalhando na oficina. Essa ruela leva até a **Plaça de Sant Just** ❼, uma praça tranquila dominada pela grande igreja de **Sants Just i Pastor**.

Uma viela do lado oposto conduz ao **Palau Requesens**, no qual funciona a Reial Acadèmia de Bones Lletres, construída junto da **muralha romana**, que desce a Carrer del Sots-Tinent Navarro.

Desça a Carrer de la Palma Sant Just e vire à direita no final, para entrar na **Plaça del Regomir** ❽. À esquerda, observe parte da porta meridional da cidade romana.

Continue descendo até a Carrer d'en Cignas ou a Carrer Ample (ambas boas para a hora das *tapas*) e vire à direita para chegar ao **Correu i Telègraf** ❾ (correios). Vale a pena entrar e admirar a decoração dos artistas *noucentistas* Canyellas, Galí, Labarta e Obiols.

Do lado de fora, fica a **Cap de Barcelona** (*ver p. 56-7*), a 64 m, um retrato da cabeça de uma mulher no estilo cartum concluído em 1992 pelo artista *pop* americano Roy Lichtenstein. Inspirada em Gaudí, a obra é de cacos de azulejos.

La Madre de Déu de la Mercè
Volte e desça a Carrer de la Mercè até a igreja de **La Madre de Déu de la Mercè** ❿ (Plaça de la Mercè; tel.: 93 315 27 56; diariamente, 10h-13h, 18h-20h; grátis), coroada por uma estátua de Nossa Senhora com o Menino.

Nossa Senhora das Mercês é a padroeira de Barcelona e no seu dia, 24 de setembro, bonecos enormes, conhecidos como "gigantes", e pirâmides humanas saúdam os dignitários que saem da missa que marca o começo das festividades.

Carrer d'Avinyó
Suba a **Carrer d'Avinyó**, que abriga dois marcos da cidade: La Manual Alpargatera, no n. 7, que vende alpargatas, e o modernista **El Gran Café**, ver 🍴④. Na metade do caminho, à esquerda, fica a **Plaça George Orwell** ⓫, batizada com o nome do autor de *Homenagem à Catalunha*.

No alto da Carrer d'Avinyó, vire à esquerda, na rua de compras Carrer de Ferran, que o levará de volta a La Rambla.

Acima, da esquerda para a direita: bar local; estátua em La Mercè; na sinagoga; passagem que liga La Mercè aos quartéis-generais militares da vizinhança.

Tradição local
No dia de São Jorge (23 de abril), é tradição presentear com rosas e livros. No passado, os estereótipos de gênero eram marcados com rosas para as mulheres e livros para os homens, mas hoje vale tudo. Há outros motivos para celebrar o dia de São Jorge: é também o aniversário de morte de Miguel de Cervantes (1547-1616), autor de *Dom Quixote*, e o Dia Mundial do Livro.

Abaixo: Palau de la Generalitat.

SANT PERE

Casamento encantador entre o novo e o velho, este canto no leste da Cidade Velha, a noroeste de El Born, é o lugar onde outrora floresceu o comércio de vestuário. Suas atrações incluem o Palau de la Música Catalana e o Mercat de Santa Caterina.

DISTÂNCIA 3 km
TEMPO 3 horas
INÍCIO Palau de la Música
FIM Mercat de Santa Caterina
OBSERVAÇÕES

Este passeio é melhor pela manhã, tanto para evitar as filas no Palau de la Música Catalana como para chegar ao Mercat de Santa Caterina a tempo para o almoço. Observe que, de segunda a quarta, o mercado fecha durante algumas horas à tarde.

Na era de ouro, no séc. XIV, Sant Pere era a área preferida dos mercadores ricos. Floresceu como centro do comércio têxtil de Barcelona, mas a produção em massa a partir do final do séc. XIX levou à sua extinção. Só recentemente os turistas começaram a explorar as ruas históricas.

PALAU DE LA MÚSICA

Comece pelo **Palau de la Música Catalana** ❶ (Carrer de St Francesc de Paula, 2; tel.: 93 295 72 00; <www.

Acima: detalhes do exterior do Palau de la Música Catalana.

Você sabia?
A Carrer d'Allada Vermell é o que se chama em Barcelona de uma praça "dura", criada em 1994, depois da demolição de uma fileira de casas, para trazer luz a essa área densamente povoada.

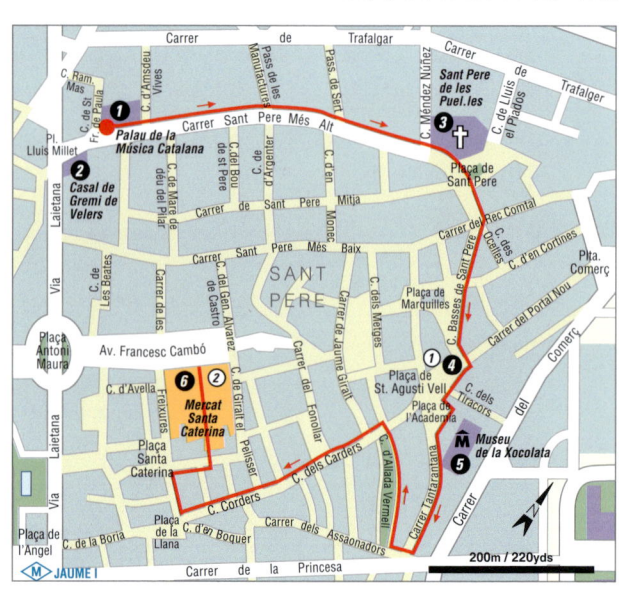

palaumusica.org>; visitas guiadas diariamente, 9h30-15h; fazer reserva; pago), de 1908, do arquiteto Domènech i Montaner, hoje patrimônio da humanidade. Uma extravagância modernista, este palácio tem uma decoração de azulejos, mosaicos e estatuária que retrata a tradição musical catalã.

A recente ampliação de Oscar Tusquets, com motivos orgânicos, de acordo com o original modernista, abriga uma sala de concertos para música de câmara e um restaurante fino (ver p. 121). Há visitas guiadas pelo prédio, nas quais se podem admirar o vitral e as esculturas do auditório principal.

SANT PERE MÉS ALT

Do outro lado, na Carrer Sant Pere Més Alt 1, fica a **Casal de Gremi de Velers** ❷ (guilda dos fabricantes de seda), notável pelo lindo *esgrafiat* (relevo decorativo). Vários outros varejistas de tecidos têm loja nessa rua, que era o centro do comércio medieval.

A Sant Pere Més Alt termina na Plaça de Sant Pere e na igreja de **Sant Pere de les Puel.les** ❸, antigo mosteiro beneditino. A fonte modernista em frente é de Pere Falqués.

Entre na rua do lado oposto para ir até a agradável **Plaça de St Augusti Vell** ❹ e o **Bar Mundial**, ver ⓡ①.

MUSEU DE LA XOCOLATA

Depois, descendo a Carrer d'en Tantarantana, fica a guilda dos confeiteiros, local do **Museu de la Xocolata** ❺ (Carrer del Comerç, 36; tel.: 93 268 78 78; <www.museuxocolata.com>; 2ª-sáb., 10h-19h; dom., 10h-15h; pago). Traça a história do chocolate (trazido para a Europa por Hernán Cortés e os conquistadores) com esculturas de chocolate e fotografias. Oferece cursos.

MERCAT DE SANTA CATERINA

Saciado o desejo, entre na **Carrer d'Allada Vermell**, do lado oposto, e vire à esquerda no alto, para entrar na Carrer dels Carders. Continue até chegar à Plaça de la Lana, onde os jogos florais (ver p. 22) foram revividos no séc. XX, e depois vire à direita para o **Mercat de Santa Caterina** ❻ (2ª, 7h30-14h; 3ª-4ª, sáb., 7h30-15h30; 5ª-6ª, 7h30-20h30).

Este admirável edifício de três andares, obra do falecido Enric Miralles (arquiteto do parlamento escocês), construído no lugar de um mosteiro dominicano, é o centro da reurbanização da área. Seu maravilhoso telhado tem azulejos coloridos em cima e madeira embaixo, em arcos que parecem barcos emborcados. Entre e saboreie uma refeição no **Cuines**, ver ⓡ②.

Acima, da esquerda para a direita: interior do Palau de la Música Catalana; Mercat de Santa Caterina.

Acima: vitral da igreja de Sant Pere.

Onde comer

① BAR MUNDIAL
Plaça de St Augusti Vell 1; tel.: 93 319 90 56; €
Inaugurado em 1955 e pouco modificado, este clássico da região serve ótimas *tapas* e frutos do mar particularmente saborosos.

② CUINES DE SANTA CATERINA
Avinguda de Francesc Cambó 20; tel.: 93 268 99 18; €€€
Sente no bar para um drinque e *tapas* ou, para uma refeição mais substanciosa, ocupe uma das mesas deste empório no interior do mercado. O cardápio da semana está impresso nas toalhinhas de papel. Comida fresca do mercado.

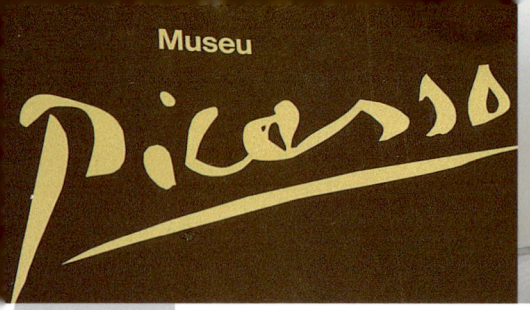

5

LA RIBERA E EL BORN

A parte da Cidade Velha ao norte da Via Laietana é La Ribera, antigo bairro nobre cujo nome (beira-mar) reflete sua posição comercialmente vantajosa na orla marítima. No interior de La Ribera fica El Born, onde a história se mistura com a moda e a cultura. Há butiques elegantes, bares e alguns dos melhores museus da cidade.

DISTÂNCIA 3 km
TEMPO 4 horas
INÍCIO Jaume I metro
FIM Estació de França
OBSERVAÇÕES
Comece cedo, para evitar as filas no Museu Picasso (grátis no primeiro domingo do mês). Este passeio combina bem com o itinerário anterior, Sant Pere (ver p. 44).

Esta densa área residencial deve suas características a Jaime I (o Conquistador), em cujo reinado a Catalunha viveu sua idade de ouro, no séc. XIV. Os ricos da cidade eram negociantes, não aristocratas, e foi para essa área costeira que os mercadores trouxeram seus produtos. Eles comerciavam na nova Bolsa de Valores, rezavam em Santa Maria del Mar, participavam de torneios de cavalaria no terreno inclinado de El Born e recebiam seus convidados nos palacetes suntuosos

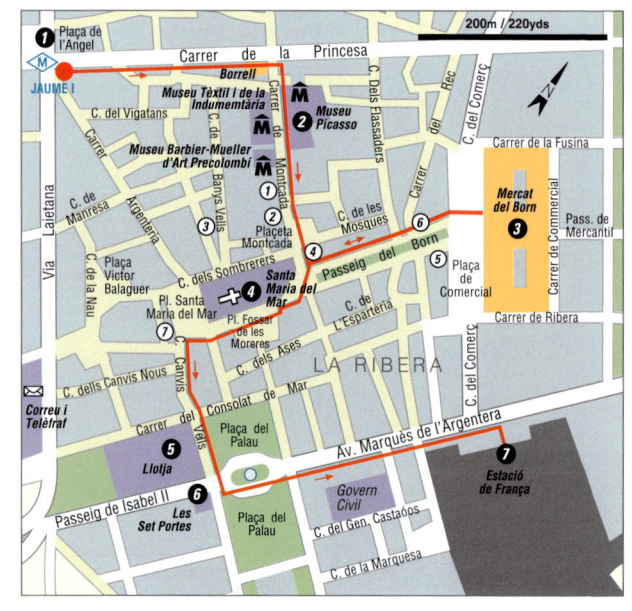

Acima: o excelente Museu Picasso.

Nomes de ruas
Muitas ruas nesta área foram batizadas com o nome de *gremis*, as poderosas guildas de comércio, cujo dever era zelar pelos interesses de seus membros. Entre elas, estão Agullers (fabricantes de agulhas), Argenteria (ourives) e Sombreres (fabricantes de chapéus).

46 LA RIBERA E EL BORN

que construíram ao longo da Carrer de Montcada.

Muito depois, o jovem Pablo Picasso estudou na escola de arte local; hoje, o Museu Picasso atrai multidões na região.

CARRER MONTCADA

Comece no **metrô Jaume I** ❶ e desça a Carrer de la Princesa, que separa o bairro de Sant Pere (*ver p. 44*) do de La Ribera. Na Borrell, uma antiga loja de chocolate, vire à direita na estreita **Carrer de Montcada**. Durante a idade de ouro da cidade, ligava a orla marítima às áreas comerciais. É ladeada pelos palacetes dos mercadores, em suntuoso estilo gótico-catalão, que refletem a antiga riqueza do lugar. A Montcada se tornou uma soberba rua de museus, desde que as autoridades começaram a renovação de seus palácios medievais em 1957.

Há muitas paradas boas por perto, como **Espai Barroc**, ver 🍴①, ou **El Xampanyet**, ver 🍴②.

Museu Picasso
Na Carrer de Montcada 15-23, fica o **Museu Picasso** ❷ (tel.: 93 319 63 10; <www.museupicasso.bcn.es>; 3ª-dom., 10h-20h; entrada permitida até 30 min. antes de fechar; pago), que ocupa cinco palacetes imponentes. A entrada é no n. 15, o Palau Berenguer d'Aguilar, que tem um belo pátio e uma galeria no primeiro andar, projetada por Marc Safont, arquiteto do pátio interno da Generalitat. Este palacete é ligado internamente ao Palau del Baró de Balaguer, no n. 17, ao Palau Meca, no n. 19, e à Casa Mauri e ao Palau Finestres.

Há cerca de 3 mil obras de arte no acervo, principalmente dos anos de formação de Picasso, como um retrato magistral de sua mãe, feito quando ele tinha apenas 16 anos. Estudos dos anos 1950 para *As meninas* estão entre as poucas obras posteriores. O museu também tem um agradável café.

Museu Tèxtil
Em frente ao Museu Picasso, no n. 12, está o **Museu Tèxtil i de la Indumentària** (tel.: 93 319 76 03; <www.museutextil.bcn.es>; 3ª-sáb., 10h-18h; dom., 10h-15h; pago). Localizado em dois palácios adjacentes, tem um pequeno acervo de tecidos e moda do séc. XIV até o presente, incluindo artigos de Balenciaga, Pucci e Chanel. Há uma loja de presentes, e o pátio é um belo local para o **Café Tèxtil**, que fica aberto até tarde.

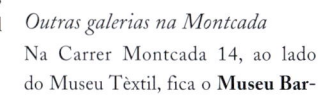

Outras galerias na Montcada
Na Carrer Montcada 14, ao lado do Museu Tèxtil, fica o **Museu Bar-**

Onde comer 🍴
① ESPAI BARROC
Carrer de Montcada 20; tel.: 93 310 06 73; €€
Um ponto de interesse cultural no Palau Dalmases é este bar de estilo barroco. A música gravada é ópera, mas há recitais ao vivo às quintas.

② EL XAMPANYET
Carrer de Montcada 22; tel.: 93 319 70 03; €€
Regue a especialidade da casa, anchovas, com cava, servida em taças de bordas largas. Bar pequeno de grande atmosfera.

Acima, da esquerda para a direita: letreiro do Museu Picasso; admirando o acervo; Santa Maria del Mar; letreiro colorido do Museu Tèxtil.

Acima: peças expostas no Museu Tèxtil.

Afresco de Montcada
Um afresco da campanha de Jaime I à ilha de Maiorca foi retirado da parede de um dos palacetes da Carrer de Montcada e, hoje, pode ser visto no Palau Nacional (*ver p. 75*).

MUSEU PICASSO

Acima, da esquerda para a direita: sacadas em El Born; peça exposta no Museu Barbier-Mueller d'Art Precolombí; deliciosas sobremesas; a altaneira Santa Maria del Mar.

Comece à tarde
À noite, esta área se transforma: bares que durante o dia se esconderam começam a despertar por volta das 21 horas, e o turbilhão de frequentadores de bares continua até as 4 da manhã, mais ou menos.

Abaixo: uma colorida rua lateral em El Born.

bier-Mueller d'Art Precolombí (tel.: 93 310 45 16; <www.barbier-mueller.ch>; 3ª-sáb., 10h-18h; dom., 10h-15h; pago). O que este acervo de arte pré-colombiana não tem em tamanho esbanja em prestígio, com soberbos objetos e joalheria asteca, maia e inca.

Continue ao longo da rua para chegar a duas galerias de arte contemporânea que geralmente têm exposições notáveis: a **Sala Montcada**, também no n. 14, é dirigida pela caixa econômica culturalmente consciente La Caixa, que monta aqui espetáculos de artistas espanhóis e estrangeiros; e a **Galeria Maeght**, localizada no Palau Cervelló, no n. 25, parte do grupo francês de galerias Maeght, que deve seu sucesso ao apoio dado no princípio, em Cannes, a artistas radicados na Provence, como Matisse, Bonnard, Van Dongen e Miró.

EL BORN

A Carrer de Montcada termina na Plaçeta de Montcada, onde ela encontra o **Passeig del Born**. Nas proximidades, na Carrer de Banys Vells, paralela à Montcada, fica a excelente adega histórica **Va de Vi**, ver ⑪③. A faixa principal aqui é frequentada assiduamente por *fashionistas* e tem bares e cafés chiques (ver ⑪④, ⑪⑤ e ⑪⑥), baladas noturnas da moda (*ver à esquerda*) e numerosas butiques de grife.

Mercat del Born
Um desvio a leste, ao longo do Passeig del Born, passando pela Carrer dels Flassaders (à sua esquerda), o levará a um lugar onde há mais butiques e, no fim do Passeig, ao **Mercat del Born** ❸, construção de ferro batido de Josep Fontseré i Mestre, do séc. XIX, que até 1971 foi um mercado atacadista de alimentos. A estrutura está sendo reformada para abrigar um centro cultural, mas as obras foram adiadas, pois descobriram ali casas anteriores ao séc. XVIII, que podem ser vistas de uma plataforma de observação na Carrer de la Fusina, no lado norte do mercado.

SANTA MARIA DEL MAR

Na extremidade ocidental do Passeig del Born fica **Santa Maria del Mar** ❹ (tel.: 93 310 23 90; 2ª-sáb., 9h30-13h30, 16h30-20h; dom., 16h30-20h; grátis), construída de 1329 a 1384 pelas companhias marítimas que trouxeram riqueza a esta parte da cidade. É um belo exemplo da arquitetura gótico-catalã de linhas horizontais, telhados planos com terraços, amplos espaços abertos e torres octogonais. Fique de pé ao lado da porta principal, para apreciar a sensação de amplitude e a luz morna que entra pela rosácea do séc. XV. O admirável vitral azul da segunda capela à esquerda, no deambulatório, é comemorativo dos Jogos Olímpicos de 1992.

Praças nos arredores

Na **Plaça Fossar de les Moreres**, ao lado da igreja, observe o monumento de ferro encimado por uma chama; ele homenageia os mártires da sucessão dos Bourbon em 1714. Depois dele, a **Plaça de Santa Maria del Mar** é um local movimentado, com cafés e bares atraentes, como **La Vinya del Senyor**, ver ⑪⑦. Logo à direita, fica a **Carrer de l'Argenteria**, uma das ruas de restaurantes mais movimentadas da cidade, onde habitualmente há filas à noite, com pessoas esperando para entrar nos apreciados bares de *tapas* e restaurantes daqui.

A LLOTJA

Do lado oposto da praça (porto), vire e desça a Carrer dels Canvis Vells, que leva à Carrer del Consolat de Mar e à **Llotja** ❺ (fechada para visitantes), a antiga Bolsa de Valores – uma bonita construção do séc. XIV com um magnífico saguão gótico.

O pai de Picasso deu aula na Escola de Belles Arts que ficava no nível superior da construção. A **Reial Academia Catalana de Belles Arts de Sant Jordi** (visitas a pedido: <museu@racba.org>) ainda ocupa parte do prédio. Seu pequeno museu tem desenhos de Mariano Fortuny, pintor romântico do séc. XIX.

Les Set Portes

Atravessando o movimentado Passeig de Isabel II, num edifício do séc. XIX decorado com arcos, fica o restaurante mais famoso de Barcelona, **Les Set Portes** ❻ (*ver p. 121*). Espie pelas janelas, para ver o belo interior revestido de madeira e imagine Picasso, Lorca e muitos outros artistas saboreando um prato de arroz negro, especialidade da casa, ou uma *paella*.

Mais adiante, fica a grande **Estació de França** ❼ (*ver à direita*), a estação ferroviária internacional original da cidade, hoje restaurada. Vale a pena apreciar sua bonita estrutura de ferro e vidro do séc. XIX.

Concertos na igreja
Concertos, do clássico ao *jazz*, são realizados na igreja de Santa Maria del Mar (*acima*). Leia o quadro de avisos da igreja para detalhes.

Onde comer

③ **VA DE VI**
Carrer de Banys Vells 16; tel.: 93 319 29 00; €
Antiga adega espaçosa, com um toque moderno. Ótimo lugar para experimentar os melhores vinhos da Espanha e a produção artesanal local.

④ **EUSKAL ETXEA**
Plaçeta de Montcada 1–3; tel.: 93 310 21 85; €€€
Soberbo bar de tapas e centro cultural basco. Refeições completas também são servidas no restaurante.

⑤ **PITIN BAR**
Passeig del Born 34; tel.: 93 319 50 87; €
Bar tradicional, cuja especialidade é o pitin, chá com leite vaporizado.

⑥ **LA TAVERNA DEL BORN**
Passeig del Born, 27; tel.: 93 315 09 64; €€
Ótima o dia todo, para drinques, lanches e para ver gente.

⑦ **LA VINYA DEL SENYOR**
Plaça de Santa Maria 5; tel.: 93 310 33 79; €€€
A Vinha do Senhor é uma adega clássica, num ótimo lugar da praça. *Tapas* excelentes e uma variedade incrível de vinhos.

EL RAVAL

O antigo bairro operário da cidade ainda tem uma área ligeiramente tensa, herança de um passado mal-afamado, mas a revitalização urbana trouxe novos espaços e um fabuloso Museu de Arte Contemporânea, o MACBA.

Noite animada
El Raval desperta à noite, com Rita Blue, na Plaça de Sant Augusti, e Aurora, na Rambla del Raval, onde os cineclubes de curtas de arte formam um pano de fundo vanguardista.

DISTÂNCIA 2,5 km
TEMO 2 horas
INÍCIO Alto de La Rambla
END Palau Güell
OBSERVAÇÕES
Este itinerário corre paralelo a La Rambla, do lado sudoeste. É melhor percorrê-lo durante o dia, mas não às terças, quando o MACBA (o Museu de Arte Contemporânea) está fechado.

Ao lado de La Rambla, do lado oposto ao Barri Gòtic, fica o bairro operário da cidade, que foi incorporado à Cidade Velha com a construção da muralha da cidade medieval.

El Raval ("a favela") se estende de La Rambla até a Ronda de Sant Pau e a Avinguda del Paral.lel. O bairro de velhas casas de cômodos de muitos andares já foi uma das áreas mais povoadas do mundo, onde moravam imigrantes das regiões mais pobres da Espanha.

A área na direção da orla marítima era muito frequentada por marinheiros, delinquentes e viciados. Nos anos 1920, era chamada de Barri Xinès, embora os chineses nunca tenham sido maioria.

Onde comer

① CAMPER FOOD BALL
Carrer d'Elisabets 9; tel.: 93 270 13 63; €
O conhecido fabricante de calçados de Barcelona diversificou seus negócios no ramo das "bolas de comida", um prato principal ou uma sobremesa com ingredientes naturais em formato de bola.

② BIOCENTER
Carrer del Pintor Fortuny 25; tel.: 93 301 45 83; €
Este restaurante vegetariano serve refeições compostas de quatro pratos saudáveis e substanciosos, e a bom preço.

Área revitalizada

O bairro está passando por uma metamorfose, graças a um financiamento municipal. Bares da moda, lojas e galerias de arte, hoje, ficam lado a lado com locais mais degradados: não se surpreenda com os profissionais do sexo nas esquinas, em plena luz do dia. A revitalização prossegue em El Raval desde fins da década de 1990, com quarteirões inteiros de casas de cômodos sendo derrubados para desimpedir a área. Ainda há uma grande população de imigrantes aqui (mais de 50% de fora da Espanha), o que faz do bairro um dos mais etnicamente variados da Europa.

MACBA

Do alto de La Rambla, entre na segunda à direita, Carrer del Bonsucces, e, depois, Carrer d'Elisabets. Como em todas as ruas desta área, há muitos bares tradicionais bons e alguns restaurantes novos e pitorescos; os recomendados são o inovador **Camper Food Ball**, ver ⑪①, e o **Biocenter**, ver ⑪②, na rua paralela, Carrer Pintor Fortuny.

Siga as placas até a Plaça dels Àngels e o **Museu d'Art Contemporani de Barcelona 1** (MACBA; tel.: 93 412 08 10; <www.macba.es>; out.-mai.: 2ª, 4ª-6ª, 11h-19h30; sáb., 10h-20h; dom., 10h-15h; jun.-set.: 2ª, 4ª-sáb., 11h-20h; dom., 10h-15h; pago), uma construção branca como a neve, em estilo moderno, do arquiteto Richard Meier, que fica no n. 1, com o vizinho Convent dels Àngels fazendo as vezes de posto avançado. As rampas da frente são muito frequentadas por skatistas. Às quintas, no verão (jul.-set.), o MACBA fica aberto até a meia-noite, admitindo os amantes da arte por apenas €3. Nessas noites em que o museu fica aberto até tarde, frequentemente, há concertos no bar.

O acervo

Disposta em três andares, a galeria (inaugurada em 1995) exibe arte catalã, espanhola e internacional do pós-guerra, com obras de artistas como Antonio Saura, Tàpies, Joseph Beuys, Jeff Wall e Susana Solano. A coleção permanente é exposta num sistema de rodízio, mas a atração principal, geralmente, são as exposições de artistas contemporâneos de vanguarda. La Central del MACBA é a livraria do museu, centro de referência em arte. A **Capella MACBA**, santuário gótico do convento do séc. XV, é a única capela renascentista de Barcelona.

CENTRO DE CULTURA CONTEMPORÂNEA

A fusão de antigo e moderno, na qual os barceloneses são tão bons, pode novamente ser vista na Plaça de Joan Coromines, que liga o MACBA à antiga Casa de Caritat, antigamente um asilo de pobres e orfanato, que se tornou o magnífico **Centre de Cultura Contemporània de Barcelona** ❷ (CCCB; Carrer de Montalegre, 5; tel.: 93 306 41 00; <www.cccb.org>; de meados de set. a meados de jun.: 3ª, 5ª, 6ª, 11h-14h, 16h-20h; 4ª, sáb., 11h-20h; dom., 11h-19h; de meados de jun. a meados de set.: 3ª-sáb., 11h-20h; dom., 11h-15h; pago), com quatro andares. No centro, onde se

Acima, da esquerda para a direita: fachada, visitantes, obras de arte e skatista no Museu d'Art Contemporani de Barcelona.

Rua dos teatros

A Avinguda del Paral.lel, no sul de El Raval, já foi conhecida como a "rua dos teatros" na Europa. Renomada pelos teatros de variedades, salas de espetáculos musicais e cabarés, seu teatro mais famoso foi *El Molino* [O Moinho], chamado de Petit Moulin Rouge, em homenagem a seu correspondente parisiense, embora tenha mudado de nome quando "vermelho" se tornou uma palavra imprudente, na época de Franco. Inaugurado em 1899, não viu o séc. XX terminar. Outros teatros maiores ainda sobrevivem, a maioria exibindo musicais ou farsas que atraem excursões de fora da cidade. O nome da rua, Paral.lel, suplantou o antigo, Calle Marques del Duero, em 1794, quando o francês Pierre François André Méchain descobriu que a avenida passava ao longo do paralelo de latitude 44º 44' Norte.

Acima: Sant Pau del Camp.

Abatido
O legado industrial de Barcelona está quase extinto. A oeste de El Raval, o antigo abatedouro, o Excorxador, é colorido totem de azulejos de Joan Miró, *Dona i Ocell* (Mulher e Pássaro, na p. 26, embaixo).

entra por uma rampa no porão, há exposições, concertos, dança e filmes.

Também na Plaça de Joan Coromines fica um novo prédio da universidade e o **Centre d'Estudis i Recursos Culturals** (CERC; tel.: 93 402 25 65; <www.diba.es/cerc>; grátis). Entre para ver o lindo pátio azulejado do séc. XVIII, o **Pati Manning**, com um São Jorge *art déco*, e talvez comer *tapas* baratas ou tomar uma bebida no café do pátio.

No fundo do pátio fica um último vestígio de religiosidade, a igreja de **Santa Maria de Montealegre**, onde ainda se celebram missas.

ANTIC HOSPITAL DE LA SANTA CREU

Neste ponto, o itinerário volta a descer a Carrer dels Àngels até o **Antic Hospital de la Santa Creu** ❸ (Carrer del Carme, 47-Carrer de l'Hospital, 56; sem telefone; 2ª-6ª, 9h-20h; sáb., 9h-14h; grátis), uma casa de convalescentes fundada no séc. XV e principal hospital da cidade até 1910, quando foi construído Santa Creu i Sant Paul, próximo da Sagrada Família (*ver p. 70*).

Uma parte do edifício é usada para guardar arquivos e serve de sede para a Real Academia de Medicina, mas, fora isso, o conjunto é ocupado pela Escola de Arte Massana, pelo Instituto de Estudos Catalães e pela Biblioteca da Catalunha.

À direita de quem entra, fica a Casa de Convalescència, com seus jardins ricamente decorados com azulejos barrocos do séc. XVII de autoria de Llorens Passolles. A primeira praça recebe o nome de Alexander Fleming, descobridor da penicilina, e há uma estátua desse grande homem do lado de fora.

Saia pela entrada principal na Carrer de l'Hospital. Logo na saída, fica **La Capella** (3ª-sáb., 12h-14h, 16h-20h; grátis), a capela do hospital, construída no séc. XV, hoje um espaço para exposições de arte contemporânea.

Carrer de l'Hospital

Na **Carrer de l'Hospital**, há pequenas lojas bem típicas, como herbanários, farmacêuticos e confeitarias árabes, que representam a pitoresca combinação do tradicional com o étnico na área. Uma das ruas laterais, a rua de pedestres Carrer de la Riera Baixa, é ladeada por brechós. Na extremidade norte dessa rua, fica a Carrer de la Riera Alta, que vale um desvio se você precisar descansar no **El Café que Pone Muebles Navarra**, ver ⑪③.

De volta à Carrer de l'Hospital, siga para oeste até a Carrer de Sant Antoni

---

Onde comer 🍴

③ EL CAFE QUE PONE MUEBLES NAVARRA
Carrer de la Riera Alta 4-6; tel.: 93 442 39 66; €
Bar grande e pitoresco, com assentos confortáveis, numa antiga loja de móveis. Ideal para colocar os pés para cima na hora de um café ou drinque.

④ LONDON BAR
Nou de la Rambla 34; tel.: 027 771 63 23; €
A não ser pela chegada de uma grande televisão, este *pub* histórico (fundado em 1910) mudou pouco desde que Miró e Picasso bebiam aqui.

⑤ BAR PASTIS
Carrer de Santa Monica 4; tel.: 93 318 79 80; €
Este pequeno bar está lotado de lembranças de Édith Piaf. A música é regular nas apresentações ao vivo: música francesa (dom.), tango (ter.) e cantores/compositores (qua.).

Abat, que se estende até o **Mercat de Sant Antoni** ❹, construção grande e bonita do séc. XIX. Durante a semana, funciona como mercado de alimentos, com bancas de roupas e artigos de armarinho atrás dos toldos verdes que o circundam, mas no domingo, das 8h às 14h, dá lugar a uma feira animada de livros, moedas e vídeos de segunda mão.

Rambla del Raval

Voltando pela Carrer de Sant Antoni Abat e entrando na Carrer de l'Hospital, você sairá no ponto mais alto da **Rambla del Raval** ❺. Esta via arborizada foi aberta bem recentemente por máquinas que colocaram abaixo mais de 5 quarteirões no coração do Barri Xinès, mas já está trazendo riqueza para a área, na forma de bares, galerias e cafés que atraem os boêmios.

SANT PAU DEL CAMP

No fim da Rambla del Raval, vire à direita na Carrer de Sant Pau até chegar a **Sant Pau del Camp** ❻ (tel.: 93 441 00 01; 2ª-6ª, 12h-13h, 19h30-20h30; pago), no n. 101. É a igreja mais antiga de Barcelona, data da época dos romanos. O nome, que significa "do campo", refere-se ao tempo em que a área ficava na zona rural.

Uma porta à direita leva a um pequeno e bonito claustro com arcos. Uma lápide, usada primeiro por um romano, traz uma inscrição referente a Vifredo II Borrell, que, em 897, se tornou o segundo governante da dinastia de Barcelona.

PALAU GÜELL

Desça a Carrer Nou de la Rambla, passando pelo **London Bar**, ver 🍴④, até o **Palau Güell** ❼ (Carrer Nou de la Rambla 3; tel.: 93 317 39 74; fechado para reforma até 2009), projetado por Gaudí no período 1885-89 para ser a residência do conde Eusebi Güell.

Com esta obra, o arquiteto entrou num período de grande criatividade, alternando elementos dos estilos gótico e árabe. A casa se ergue em torno de um enorme salão, sobre o qual se eleva um telhado cônico, coberto por pedaços de azulejos, que ocupa um lugar de destaque num cenário incomum de ameias e balaustradas e chaminés de formas estranhas.

Duas ruas abaixo, saindo do Palau Güell, fica o **Bar Pastis**, ver 🍴⑤, uma boa opção para fechar o passeio com um drinque.

Acima, da esquerda para a direita: livraria em El Raval; bar da moda.

Você sabia?

Embora Eusebi Güell tenha morado no Palau Güell por dois anos, parece que nunca visitou o extraordinário telhado decorado com chaminés multicoloridas, num mosaico de cacos de azulejos, típico de Gaudí, conhecido como *trencadis*.

Abaixo: barbearia local.

A ORLA MARÍTIMA

Revitalizada para os Jogos Olímpicos de 1992, a orla acrescentou uma dimensão nova e estimulante à cidade. Este roteiro atravessa o Port Vell [Porto Velho] e a área revitalizada de Barceloneta.

DISTÂNCIA 4 km
TEMPO 3 horas
INÍCIO Museu Maritim
FIM Torre de Jaume I
OBSERVAÇÕES
Este é um passeio de ritmo moderado, que pode ser feito a qualquer hora do dia ou à noite, mas lembre que o Museu d'História de Catalunya fecha às segundas.

Ligações marítimas
Barcelona tem ligação direta por navio com os portos de Gênova, Roma, Argel, Oran, Ibiza, Maiorca e Minorca.

A atividade comercial marítima saiu daqui, do porto original de Barcelona, nos anos 1990, deixando o Port Vell, o Porto Velho, com poucas preocupações além do descanso em tempo integral. Atração da cidade, as pessoas vêm para cá em seus momentos de lazer, para olhar os barcos dos iates clubes passarem sob a ponte pênsil do calçadão Rambla de Mar, observar quem está tomando champanhe nos enormes e luxuosos iates da marina ou admirar os grandes navios que estão de passagem.

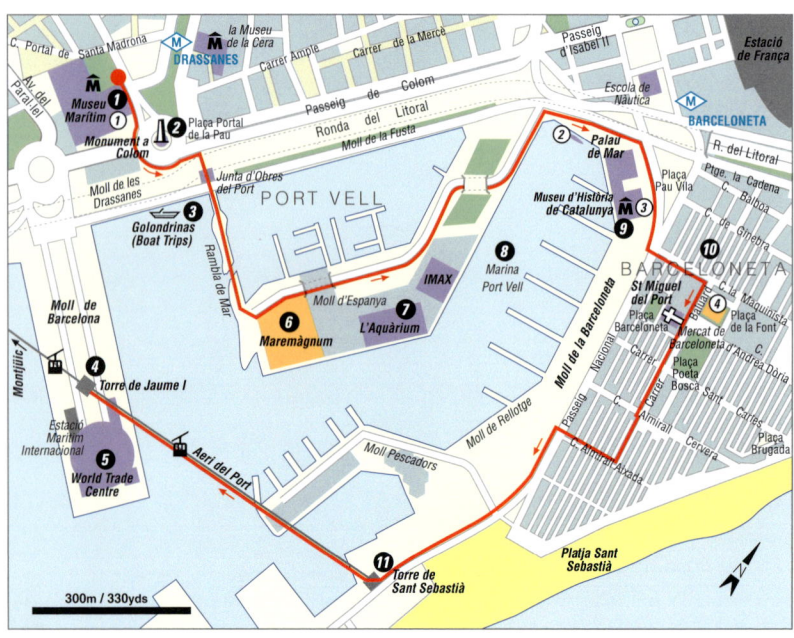

No lado nordeste (mais distante) do porto, fica Barceloneta, o antigo bairro de pescadores (ver p. 57) e, no lado sul, o terminal de navios de cruzeiro.

ANTIGOS ESTALEIROS

Depois do final de La Rambla ficam os Drassanes, os gigantescos estaleiros antigos da cidade, que hoje abrigam o Museu Marítim, um bom lugar para começar um passeio pela orla marítima de Barcelona.

História altiva

Construídos em 1378, cercados no séc. XV pelos muros externos da cidade (que fazem uma curva, entrando na Avinguda del Paral.lel, onde subsistem a torre e a entrada do Portal de Santa Madrona) e reformados em grande estilo no séc. XVII, os enormes barracões de Drassanes lançaram ao mar milhares de navios. No auge, produziam 30 galeras de guerra ao mesmo tempo, como na época em que o Ocidente cristão se preparava para a cartada final com os otomanos, em 1571, em Lepanto, na costa grega.

Museu Marítim

O **Museu Marítim** ❶ (Avingunda de les Drassanes; tel.: 93 342 99 20; <www.museumaritimbarcelona.com>; diariamente, 10h-20h; pago) traça a história marítima da Catalunha, com uma bela coleção de barcos de pesca e modelos de navios, uma oficina de confecção de modelos, réplicas de cais, oficinas de cordame, camarotes, escritórios de agentes e objetos. Uma réplica em tamanho natural da vitoriosa nau capitânia de dom João de Áustria, a *Reial* (cujo original foi construído em Barcelona), é a peça mais importante do museu. Essa grande galera adornada de ouro, com bancos de remos para manobrá-la direto contra o inimigo, carregava o Cristo de Lepanto, o crucifixo que hoje está na catedral de Barcelona (ver p. 36). Há também um café com jardim, loja e restaurante, ver 🍴①.

Plaça Portal de la Pau

Próximo fica o monumento a Colombo (ver p. 29), na **Plaça Portal de la Pau** ❷ (Praça do Portão da Paz). Foi através de um portão neste local que Cristóvão Colombo fez sua entrada triunfal na cidade, voltando das Índias Ocidentais, em abril de 1493.

PORT VELL

Moll de les Drassanes

Em frente à estátua, fica o **Moll de les Drassanes** (*moll* significa cais), de onde os barcos de passeio **Las Golondrinas** ❸ ("andorinhas") (tel.: 93 442 31 06; www.lasgolondrinas.com; verão: diaria-

> **Onde comer** 🍴
> ① **CAFETERIA RESTAURANT**
> Museu Marítim; Drassanes Reials de Barcelona; tel.: 93 31 52 56; aberto nos horários de funcionamento do museu, mais 5ª, 6ª e sáb. à noite; €€€
> O restaurante/café do Museu Marítim serve vários pratos e tem uma área externa agradável no Jardin del Rey. Você não precisa visitar o museu para entrar, mas, se visitá-lo, ganha 10% de desconto.

Acima, da esquerda para a direita: mesas de um café ao lado do porto; no interior do Museu Marítim; passeio de bicicleta ao longo da orla; banho de sol no calçadão de madeira.

Abaixo: o monumento a Colombo; iate na baía; uma das Golondrinas.

Você sabia?
As Golondrinas percorrem com regularidade essas águas desde a Exposição Universal de 1888. Escolha um dos barcos mais antigos e elegantes, que têm nomes como *Mercedes*, *Lolita* e *Encarnación*.

mente, 11h45-19h30; resto do ano: horário reduzido; pago) vão até a entrada do porto ou o porto olímpico.

À esquerda, fica a **Junta d'Obres del Port**, prédio da administração do porto, construído em 1907 para recepcionar passageiros.

Moll de Barcelona

Hoje, os passageiros de cruzeiro embarcam no Moll Adossat, mais ao sul, mas os barcos de alta velocidade que vão para as Baleares desembarcam na Estació Marítim Internacional, no **Moll de Barcelona**, de 500 m de extensão.

Acima: ponte de pedestres Rambla de Mar; cordame de navio.

No cais, também fica a **Torre de Jaume I ❹**, com 119 m de altura, conexão para o teleférico que atravessa o porto, o **Aeri del Port**, de 1931, que sai de Montjuïc e continua até a Torre de Sant Sebastià (*ver ao lado*).

No final do Moll de Barcelona, também está o **World Trade Centre ❺**, projetado pelo arquiteto I. M. Pei (da pirâmide do Louvre), que abriga um centro comercial com escritórios, restaurantes e um hotel cinco estrelas.

Moll d'Espanya

Caminhe pela Rambla del Mar, sinuosa ponte de madeira para pedestres, até o **Moll d'Espanya**, o principal cais do Port Vell. Muito apreciado pelas famílias e jovens barceloneses nos fins de semana e à noite. Lá estão o shopping **Maremagnum ❻**, um cinema Imax e um aquário, **L'Aquàrium ❼** (tel.: 93 221 74 74; <www.aquariumbcn.com>; out-mai.: 2ª-6ª, 9h30-21h; sáb.-dom., 9h30-21h30; jun., set.: diariamente, 9h30-21h; jul., ago.: diariamente, 9h30-23h; pago). No aquário, os cintilantes tanques azuis exibem espécies dos mares das redondezas e um túnel de vidro por entre tubarões e arraias.

Fora do cinema Imax fica uma réplica do submarino de madeira de Narcís Monturiol, o *Ictineu* II, que submergiu aqui em 1864 (*ver quadro à direita*).

Moll de la Fusta e a marina

O **Moll d'Espanya** leva até a praia, ao velho cais **Moll de la Fusta**, remodelado por Manuel de Solà-Morales, no fim dos anos 1980, como um calçadão ladeado de palmeiras. Ao lado, a

---

Onde comer

② LUZ DE GAS PORT VELL
Delante Palau de Mar; tel.: 93 209 77 11; €€
Este barco, ancorado na marina, é o lugar ideal para lanches, drinques ou uma refeição. Música ao vivo e dança mantêm o ritmo até as 3 da manhã. Só no verão.

③ LA MIRANDA DEL MUSEU
Museu de Història de Catalunya, Palau de Mar; tel.: 93 245 50 07; €
Uma razão para visitar o museu é a cafeteria do último andar, com linda vista do porto. Comida típica de cafeterias, com um cardápio do dia a preço vantajoso.

④ BAR EL PACO
Mercat de Barceloneta; tel.: 93 225 47 00; €
O bar do Paco, fundado no mercado de Barceloneta em 1958, é um lugar agradável para café e lanches ou para um almoço de pratos como lula recheada com batatas e coelho ao *alioli*.

Marina Port Vell ⓘ é movimentada pelos iates. Aqui você pode subir a bordo do bar flutuante **Luz de Gas Port Vell**, ver ⑪②. Perto, na Porta del Pau, fica a colorida **Cap de Barcelona** (*Cabeça de Barcelona*; *ver p. 43*), do artista pop Roy Lichtenstein.

Museu d'Història de Catalunya

Esta já foi uma área de docas movimentada pela indústria, mas o único armazém que resta é o Magatzem General, projetado por Elies Rogent em 1878, hoje Palau de Mar. Parte do prédio abriga o excelente **Museu d'Història de Catalunya** ⓘ (Plaça de Pau Vila 3; tel.: 93 221 17 46; <www.mhcat.net>; 3ª, 5ª-sáb., 10h-19h; 4ª, 10h-20h; dom., 10h-14h30); pago). O museu ocupa dois andares enormes; o primeiro leva ao séc. XVIII; o segundo começa com a industrialização e inclui lembranças intrigantes do franquismo. O café do museu fica na cobertura e tem uma linda vista do porto, ver ⑪③.

BARCELONETA

No fim do cais da marina, está **Barceloneta** ⓘ, onde antigamente ficava a comunidade de pescadores da cidade. A área foi criada em 1753 para abrigar cidadãos desalojados pela construção da Ciutadella (*ver p. 59*). O arquiteto, o engenheiro militar Juan Martin de Cermeño, criou casas de dois andares, construídas sobre um sistema quadriculado que permitia que os projéteis lançados do castelo alcançassem as ruas.

Embora seja, ainda hoje, uma comunidade coesa, seus pequenos bares e restaurantes se transformaram em atrativos noturnos muito apreciados pelas pessoas de toda a cidade. A proximidade da praia também a torna muito procurada e, cada vez mais, os apartamentos são reformados para turistas.

No coração do bairro, há um mercado projetado por Josep Mias, que utilizou material do mercado que havia aqui no séc. XIX. O bar do mercado, **El Paco**, ver ⑪④, é um bom lugar para lanches. Veja também o Moll del Rellotge (Cais do Relógio), o mesmo nome da torre (fechada ao público), que já funcionou como farol.

Passeio de teleférico

Uma opção neste ponto é continuar andando por cerca de 15 min. até o fim do porto e a **Torre de Sant Sebastià** ⓘ. Um elevador ergue os bondinhos até a plataforma de onde eles atravessam, sobre o porto, de volta à Torre de Jaume I (*ver à esquerda*).

Acima, da esquerda para a direita: o calçadão de madeira ao lado do Maremagnum; Cap de Barcelona; iluminação noturna; teleférico sobre o porto.

Voo de helicóptero
A Cat Helicòpters (tel.: 93 224 07 10; <www.cathelicopters.com>) faz voos de 10 min. sobre a cidade, cobrindo as atrações olímpicas, o estádio do Barça, Tibidabo, Park Güell e a Sagrada Família, o Fòrum e o porto. O heliporto fica no Moll Adossat, o cais dos navios de cruzeiro.

Um inventor idealista

No lugar de maior destaque no porto velho, está uma réplica do *Ictineu II*, o primeiro submarino a combustão do mundo. Seu inventor foi Narcís Monturiol (1819-85), que apresentou o projeto depois de testemunhar o perigoso trabalho dos mergulhadores nos bancos de corais em Cadaqués. Um idealista de crenças socialistas, Monturiol foi exilado por um curto período na França, onde conheceu os icarianos, intelectuais da mesma opinião que tentaram fundar Icária, uma colônia utópica na América. Ela fracassou, mas o nome foi usado no bairro industrial de Barcelona, Nova Icària, que se tornou o lugar da vila olímpica, onde se esperava que prevalecessem os valores utópicos.

CIUTADELLA

O Parc de la Ciutadella é o espaço ao ar livre preferido na cidade; um parque sossegado, com jardins, lago para passeio de barco, museus e zoológico, que oferece descanso do alvoroço da cidade. Ao norte, você vai encontrar o inspirador Museu de la Música e Els Encants, um movimentado mercado de mercadorias de segunda mão.

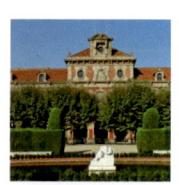

DISTÂNCIA 5 km
TEMPO 4 horas
INÍCIO Arc de Triomf
FIM Plaça de les Glòries Catalanes
OBSERVAÇÕES
Este itinerário começa no metrô Arc de Triomf, mas poderia começar em qualquer outro lugar do parque. A segunda parte pode ser feita de bonde ou como um passeio separado.

Ao lado do bairro La Ribera na Cidade Velha fica o Parc de la Ciutadella, um amplo espaço verde. Uma caminhada pelo parque é suficiente para o turista, mas, se estiver cheio de energia, pode ir ao Teatre Nacional de Catalunya, ao excelente Museu de la Música e ao amplo mercado das pulgas de Els Encants, na Plaça de les Glòries Catalanes.

Ao norte fica o **Arc de Triomf** ❶, ao lado do metrô. Este monumento de tijolos, que evoca seu homônimo dos

Acima: o prédio do Parlamento catalão, localizado dentro do parque; flamingos no zoológico; sinal de trânsito perto da Torre Agbar, onde termina o passeio.

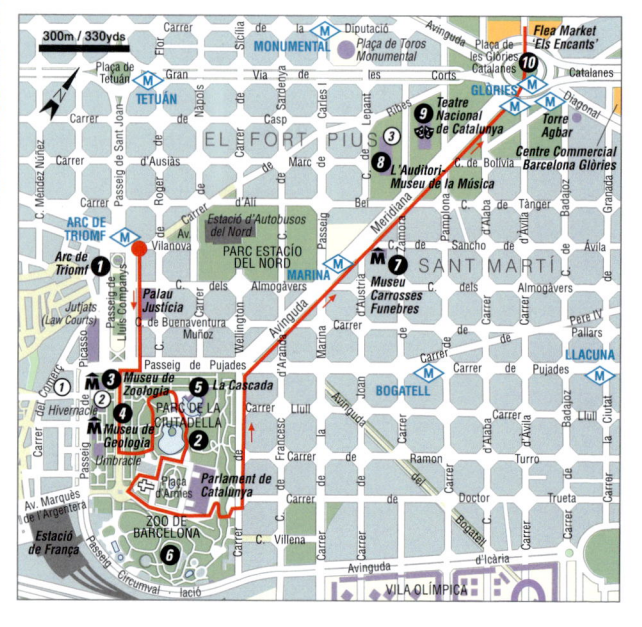

Champs-Élysées, em Paris, foi projetado por Josep Vilaseca i Casanovas para ser a entrada da Exposição Universal de 1888. Um friso em volta do topo tem figuras simbólicas feitas por alguns dos melhores escultores da época, incluindo Josep Llimona.

Desça o Passeig de Lluís Companys, apreciado pelos jogadores de *petanca*. O tribunal de justiça fica à esquerda e, ao alto da avenida, verá a magnífica serra de Collserola. Se quiser comer, vire na Carrer del Comerç, à direita, e vá ao **Santa Maria**, ver 🍴①.

PARC DE LA CIUTADELLA

No fim do Passeig de Lluís Companys fica a entrada principal do **Parc de la Ciutadella** ❷ (diariamente, 10h-pôr do sol; grátis), que tem 30 ha. É fácil passar o tempo aqui, à sombra de diferentes árvores coníferas que perdem as folhas e palmeiras, todas identificadas com etiquetas e habitadas por periquitos fugitivos de La Rambla.

Origens

O parque tem o nome da cidadela construída por Felipe V para controlar a cidade após o cerco vitorioso de 1714 (*ver p. 24*). Depois, a fortaleza foi derrubada e o parque, doado à cidade para que se transformasse em espaço público, por ordem do general Prim, que se tornou presidente da Espanha em 1869 e foi assassinado um ano mais tarde. O parque foi projetado em 1873 por Josep Fontserré (para quem o jovem Antoni Gaudí trabalhou durante um curto período).

Castelo dels Tres dragons

A maioria das construções projetadas para a Exposição Universal de 1888 foi erguida apressadamente, sem a intenção de que durassem. Uma exceção é o Café-Restaurant, do arquiteto modernista Lluís Domènech i Montaner, à direita da entrada do parque, mais conhecido como **Castell dels Tres Dragons** (Castelo dos três dragões).

Hoje, pode-se desculpar o visitante que pense que este imperdível forte de tijolos vermelhos, inspirado na Llotja (Bolsa de Valores) de València, tenha dado nome ao parque. Ele nunca funcionou como restaurante, mas serviu de centro de artes e ofícios e de ateliê para o arquiteto com o fim da exposição.

O Parlamento se reuniu aqui em 1917; e, em 1934, suas portas se abriram para o **Museu de Zoologia** ❸ (tel.: 93 319 69 12; www.bcn.es/ medciencies/catala/museozoo.htm; 3ª, 4ª, 6ª-dom, 10h-14h; 5ª, 10h-18h; pago), que abriga um acervo de animais empalhados e realiza exposições temporárias.

Museu de Geologia

Mais adiante fica o neoclássico **Museu de Geologia** ❹ (tel.: 93 319 69 12;

> **Onde comer** 🍴
> ① **SANTA MARIA**
> Carrer del Comerç 17; tel.: 93 315 12 27; €€
> O jovem e criativo *chef* Paco Guzman divulga a ideia rara da gastronomia a preços aceitáveis, com seus pequenos pratos caprichados e deliciosos de procedência mediterrânea e oriental.

Acima, da esquerda para a direita: a monumental fonte Cascada no parque; diversão no playground; leões marinhos no zoológico; interior da estufa de plantas, Umbracle.

General liberal
O general Prim, que desejava uma monarquia modelo na Espanha, uma vez declarou: "Encontrar um monarca democrático na Europa é tão difícil como encontrar um ateu no céu".

Acima: exterior da Umbracle; estátua da fonte.

Passeig de Picasso
Esta avenida, que passa ao longo do lado oeste do parque, foi projetada por Josep Fontserré como parte da revitalização da Ciutadella. No trecho próximo à Umbracle, procure pela escultura *Homenatje a Picasso*, de Antoni Tàpies, feita em 1981, cercada por uma caixa de vidro. Bons bares e lojas de aluguel de bicicletas podem ser encontrados aqui.

<www.bcn.es/medciencies/catala/geologia.htm>; 3ª, 4ª, 6ª-dom., 10h-14h; 5ª, 10h-18h; pago), que, com o Museu de Zoologia, é conhecido como Museu de Ciències Naturals de la Ciutadella. O Museu de Geologia expõe cristais, minerais e fósseis e dá uma ideia da paisagem em torno da Catalunha, da região vulcânica de Garrotxa aos pântanos do delta do Ebro.

Estufas, cascata e lago
Ao lado do Museu de Geologia ficam: a estufa de **Hivernacle**, local para um café, ver ⑪②, e concertos de jazz no verão, e a estufa de palmeiras **Umbracle**.

Daqui, atravesse o caminho principal até **La Cascada ❺**, uma fonte monumental, com Netuno, ninfas e grutas projetadas por Fontserré. Pare em frente à fonte, no Cascada Qiosc, para comprar bebidas e lanches. Adiante fica o lago para passeios de barco (€2 por 30 min), onde os patos alisam as penas e se aquecem ao sol.

Praça de armas
Depois do lago, fica a **Plaça d'Armes**, onde *El Desconsol* [*O Desconsolo*], uma donzela esculpida por Josep Llimona, está curvada no centro do laguinho. As construções de cada lado da praça são tudo o que resta da cidadela erguida pelo rei bourbon Felipe V. Mais tarde usados como prisão, esses prédios foram capturados por Napoleão, demolidos, reconstruídos, devolvidos à cidade e, então, bombardeados na Guerra Civil. No lado oeste fica uma capela e o antigo palácio do governo local (1748), que é hoje uma escola.

Do lado leste da praça, fica o antigo **arsenal**, transformado em palácio real no fim do séc. XIX. É onde, hoje, está o **Parlament de Catalunya**, protegido pelos Mossos d'Esquadra, a polícia catalã.

Jardim zoológico
A avenida principal do parque termina na **Plaça del General Prim**, dominada por uma estátua equestre do general. É também a entrada do **Zoo de Barcelona ❻** (tel.: 93 225 67 80; <www.zoobarcelona.com>; diariamente, abr.-set.: 10h-19h; mar., out.: 10h-18h; nov.-fev.: 10h-17h; pago). A maior atração é o *show* de golfinhos Aquarama (de hora em hora, nos fins de semana), embora também haja leões marinhos, elefantes, hipopótamos, macacos e animais domésticos.

AO NORTE DO PARQUE

Há uma saída do zoológico na **Carrer de Wellington**, onde se pode pegar um bonde para subir a Avinguda Meridiana, passando pelo **Museu Carrosses Funebres ❼** (Carrer de Sancho de Avila 2; tel.: 93 484 17 10; 2ª-6ª, 10h-13h, 16h-18h; sáb.-dom., 10h-13h; grátis), perto da estação de metrô Marina. Um dos museus mais curiosos da cidade, dedicado a carros fúnebres do séc. XVIII até os anos 1950, que afirma ter mais exemplares do que qualquer outro lugar do mundo.

L'Auditori
Desça na mesma estação de metrô para ir a **L'Auditori ❽** (Carrer de Lepant

150; tel.: 93 247 93 00; <www.auditori.com>; balcão de informações, diariamente, 8h-22h; bilheteria, 2ª-sáb., 12h-21h; dom., uma hora antes dos espetáculos; fechado em agosto), projeto de 1999 do arquiteto Rafael Moneo, que abriga a orquestra da cidade, a Orquestra Sinfônica de Barcelona (OBC), com uma sala de concertos de 2.500 lugares e outra menor, num espaço mais íntimo, para música de câmara. Há também um café razoável, ver 🍴③.

O Auditori também é o local do **Museu de la Música** (tel.: 93 256 36 50; <www.museumusica.bcn.cat>; 2ª, 4ª-6ª, 11h-21h; sáb.-dom., 10h-19h; pago), que tem instrumentos de todo o mundo, com um guia gravado, para que você possa ouvir o som que produzem. Também oferece uma explicação completa da evolução da música ocidental. No final, há uma sala com uma guitarra elétrica, um violoncelo e uma harpa, que adultos e crianças são convidados a tocar.

Teatre Nacional de Catalunya

Ao lado do Auditori fica o enorme **Teatre Nacional de Catalunya** ❾ (TNC; tel. da bilheteria: 902 10 12 12; <www.tnc.es>), de estilo neoclássico, projetado por Ricardo Bofill e inaugurado em 1998. Em geral, as peças são apresentadas em catalão, por isso as produções de dança talvez sejam mais acessíveis aos turistas.

Mercado das pulgas de Gloriès

No alto da Avinguda Meridiana, está a **Plaça de les Glòries Catalanes** ❿, um elaborado entroncamento de vias que o arquiteto de Eixample (*ver p. 66*) esperava que se tornasse o novo centro da cidade. No meio do entroncamento, há até um parque.

Uma saída leva até **Els Encants** (2ª, 4ª, 6ª, sáb., 8h30-19h), uma gigantesca feira de artigos de segunda mão, que não é propriamente um lugar de grandes pechinchas. (Oportunidades de compras melhores podem ser encontradas no **Centre Commercial Barcelona Glòries**, que fica próximo.)

Torre Agbar

Destaca-se na área a **Torre Agbar**, projetada pelo arquiteto francês Jean Nouvel, em forma de batom, que recebeu o nome da companhia de água **Ag**uas de **Bar**celona e foi inaugurada em 2005. Conhecida localmente como Supositório, a construção de 144 m de altura é a terceira mais alta de Barcelona e tem uma fachada de vidro que, à noite, brilha em tons cambiantes de vermelho e azul, graças a 4 mil lâmpadas de LED – segundo Nouvel, inspirada em Gaudí.

Acima, da esquerda para a direita: o show de golfinhos Aquarama; descanso no parque; L'Auditori; Torre Agbar.

Onde comer 🍴

② L'HIVERNACLE
Parc de la Ciutadella; tel.: 93 295 40 17; €€
A estufa de plantas do parque, de 1884, projetada por Josep Amorgòs, é um espaço elegante e atrai gente bacana. É muito convidativo quando tem música ao vivo – observe que fica aberta depois que o parque fecha.

③ BAR LANTERNA
L'Auditori, Avingunda Meridiana; tel.: 93 247 93 00; €
Não há muitos lugares óbvios para comer e beber perto do Auditori e do Teatre Nacional, mas o Auditori tem este bar-café, que serve sanduíches e refeições leves.

AO LONGO DA COSTA

A areia dourada importada, limpa diariamente, sobe a costa desde Barceloneta, passa pelo Port Olímpic e vai até Poble Nou, Diagonal Mar, Fòrum e o rio Besòs. Ideal para uma longa caminhada.

DISTÂNCIA 7 km
TEMPO 3 horas
INÍCIO Platja de Sant Sebastià
FIM Fòrum
OBSERVAÇÕES

No verão, é melhor fazer esta caminhada pela manhã ou no fim da tarde, quando o sol não estiver muito forte. Sant Sebastià, a praia mais próxima do centro da Cidade Velha, pega os últimos raios de sol do dia, portanto, uma alternativa é caminhar na direção contrária, terminando em Barceloneta.

No inverno

Não descarte este passeio se visitar a cidade fora dos meses de verão, pois a orla é um ótimo lugar para caminhar durante todo o ano. Na verdade, é muito agradável saborear uma *paella* quentinha ao ar livre na hora do almoço, depois ou no meio de uma caminhada de inverno.

A sinuosa faixa litorânea coberta neste itinerário é um dos legados mais importantes dos Jogos Olímpicos de 1992, em Barcelona. Antes da revitalização, era uma área industrial, caracterizada por fábricas fumacentas e pátios de manobra em franco declínio. Só os imprudentes se aventuravam a um mergulho no mar.

Toda a área foi projetada como um bairro residencial novo e elegante, com 2 mil apartamentos em prédios de 6 andares, cobrindo 63 ha, inicialmente utilizados como vila olímpica, para acomodar os atletas da competição.

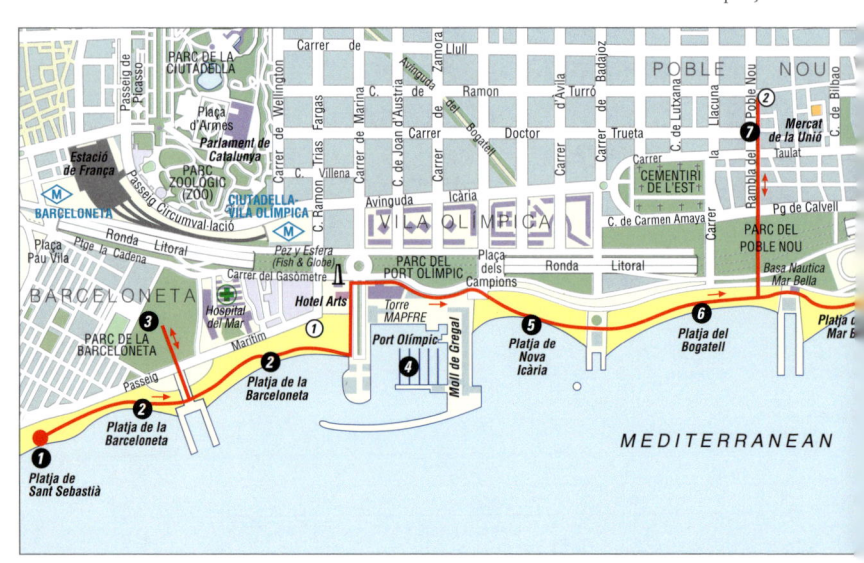

AS PRAIAS

Há 8 trechos de praia ao longo da costa, todos com chuveiros, bares, postos de atendimento de emergência da Creu Roja (Cruz Vermelha) e muitos lugares para se sentar, tomar sol e apreciar o Mediterrâneo. A principal ferrovia ao longo da costa, que serve a Estació de França, é subterrânea e passa embaixo da Ronda Litoral, que separa a praia dos prédios que ficam atrás. O calçadão é muito procurado por corredores, skatistas, ciclistas e pedestres durante todo o ano.

As praias de Barceloneta

O itinerário começa com os 2 km da **Platja de Sant Sebastià** ❶ e da **Platja de la Barceloneta** ❷ ao lado do bairro dos pescadores (*ver p. 57*). Antes da revitalização, era para cá que os *xiringuítos* (cafés de praia, do tipo quiosque) atraíam os barceloneses nas noites de verão e nos fins de semana, para comer peixe fresco e colocar o pé na areia. Como são as mais próximas do centro, essas praias ainda atraem multidões.

Logo a nordeste de Barceloneta fica o **Parc de la Barceloneta** ❸, com o esqueleto de um velho gasômetro, um armazém modernista e uma torre de água do arquiteto modernista Domènech i Estapà.

Contrastando com essas edificações, há os prédios modernos do Hospital del Mar, um dos principais da cidade, num local privilegiado da costa. O hospital inclui o parque de pesquisa biomédica (PRBB), recoberto pelos painéis de madeira de Manel Brullet e Albert de Pineda. Perto do hospital, antes do Port Olímpic, desça para os vários bares com sofás. O **Bestial**, ver

Acima, da esquerda para a direita: praia cheia; salva-vidas; passeio de bicicleta pela areia; canoas prontas para remar.

Abaixo: fotos da praia.

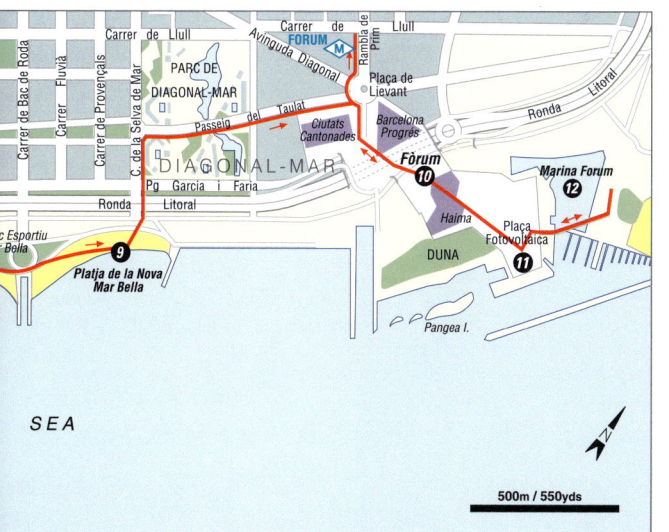

Passado industrial
Can Jaumandreu (Rambla del Poble Nou 152-60) é um bom exemplo de área industrial a que se deu nova utilidade. Conhecida como "El Vapor de la Llana" (O Vapor da Lã), esta construção, que se distingue por sua alta chaminé octogonal, está sendo usada como centro de negócios.

Abaixo: Rambla del Mar, em Poble Nou.

🍴①, tem "insetos" andando no vidro da entrada.

O porto olímpico

De qualquer lugar da praia, o **Port Olímpic** ❹ é um ponto de referência, marcado pelo edifício mais alto da Espanha, o Hotel Arts (*ver p. 117*), projetado por Bruce Graham (arquiteto da torre da Sears e do edifício Hancock, em Chicago) e pelo vizinho MAPFRE, edifício de escritórios. Atrás deles, há um peixe de cobre, enorme e cintilante, o *Pez y Esfera* (*Peixe e Esfera*), do arquiteto Frank Gehry, que é mais conhecido pelo Guggenheim de Bilbao.

O porto sobre o qual eles se elevam foi construído só para lazer. Cada um de seus cais foi batizado com o nome de um vento – *mestral*, *xaloc* e *gregal* (mistral, siroco e gregal). Iates e botes partem do cais, observados pelos clientes dos muitos restaurantes espalhados em dois níveis. Bancas de artesanato também são montadas aqui nos fins de semana.

Além do porto

A *paella* é uma especialidade dos restaurantes ao longo da **Platja de Nova Icària** ❺, o trecho seguinte de praia. Atrás, fica o Parc del Port Olímpic, uma homenagem aos Jogos Olímpicos. Na Plaça dels Campions (Praça dos Campeões) estão os nomes dos 257 medalhistas de ouro, bem como a impressão das mãos de Pelé, do ciclista Eddie Merx, do campeão de xadrez Gary Kasparov e de outras estrelas do esporte.

Neste ponto, procure por La Font del Cobi (Fonte do Cobi), que tem uma estátua do mascote olímpico Cobi, projetada por Xavier Mariscal, um dos primeiros artistas a abrir um ateliê no meio dos antigos armazéns da área.

O próximo trecho de praia é **Platja del Bogatell** ❻, escondido do calçadão superior pelo aterro. A caminhada aqui também pode ser recompensada com um almoço no Xiringuíto Escribà (*ver p. 122*).

POBLE NOU

Um pouco antes do iate clube Mar Bella, uma fileira de postes de metal se dirige para o interior, para a **Rambla del Poble Nou** ❼, um bom lugar para almoçar ou descansar. Experimente uma refrescante *orxata* de junça ou um sorvete em **El Tio Che**, ver ⑪②, na esquina com a Carrer del Joncar.

Poble Nou já foi conhecido pela produção têxtil e, embora já não existam fábricas, muitos designers de moda, como Josep Font, por exemplo, têm ateliê aqui. A área está se sofisticando, mas não sem protestos dos habitantes, que acham que isso destruirá a alma de sua comunidade.

DIAGONAL MAR

De volta à orla, está a **Platja de la Mar Bella** ❽, com um centro esportivo atrás e o restaurante Oca Mar (*ver p. 122*) no cais que a separa da **Platja de la Nova Mar Bella** ❾.

Aqui, é visível uma nova Barcelona. Esta é **Diagonal Mar**, uma área residencial e comercial nova que finalmente trouxe a grande avenida Diagonal, através de Eixample, até a costa.

O ponto de destaque é o **Fòrum** ❿, centro cultural projetado pelos arquitetos Herzog e De Meuron para um simpósio em 2004. Um edifício caro, com auditório e salão de exposições, ao qual ainda falta um propósito genuíno.

Agora, vá para a **Plaça Fotovoltaica** ⓫, local de um captador de luz solar do tamanho de um campo de futebol, com um surpreendente telhado inclinado de painéis solares. Os auditórios interno e externo são lugares excepcionais para concertos.

A última parada, antes de pegar o metrô ou o bonde (linha 4) em El Maresme/Fòrum, para voltar ao centro da cidade, é a **Marina Fòrum** ⓬, o último porto de abrigo nesta costa de lazer que se desenvolve rapidamente.

Acima, da esquerda para a direita: *Pez y Esfera*, escultura de cobre de Frank Gehry; espreguiçadeiras na praia; reflexo do Hotel Arts no edifício MAPFRE; o Fòrum.

Só para corredores
O Passeig Marítim é ideal para corredores. Na extremidade do Port Olímpic, estão colocadas marcas para uma corrida de 1,5 km.

Onde comer

① **BESTIAL**
Carrer de Ramon Trias i Fargas 2–4; tel.: 93 224 04 07; €€
Um lugar da moda, com terraço em vários níveis à beira-mar. Decoração minimalista e ótimos risotos e pastas de inspiração italiana.

② **EL TIO CHE**
Rambla del Poble Nou 43; tel.: 93 268 84 87; €
Fundado em 1912, neste local desde 1933, este bar tem o melhor sorvete da cidade, mais raspadinha de limão e uma *orxata* deliciosa.

Móveis de rua

Entre os aspectos mais surpreendentes desta cidade de diseny (*design*) estão os móveis de rua, cuidadosamente elaborados, que fazem a vida ao ar livre muito mais atraente. A tradição é forte. Há 1.600 bebedouros públicos na cidade, alguns projetados para parecer com os famosos Canaletes de La Rambla (*ver p. 30*), mas os novos, em torno do Fòrum, são soluções modernas e elegantes – folhas simples de metal corrugado de onde se pode colher a água. Os assentos também são criativos. No centro da cidade, geralmente, há lugares para se sentar, com bancos individuais dispostos como se estivessem num ambiente doméstico. Em torno de Diagonal Mar, novos bancos estão arrumados em pares ou trios sob os postes de luz, como sofás numa sala de visitas, dando à orla o ar de um lugar de convívio.

EIXAMPLE

Vitrine das obras de Gaudí e outros arquitetos modernistas, o bairro Eixample foi construído sobre um quadriculado exato, cortado por largas avenidas. Hoje, as fantásticas fachadas competem pela atenção do turista com elegantes lojas de designers e com os habitantes chiques do lugar.

DISTÂNCIA 2 km
TEMPO 3 horas
INÍCIO/FIM Passeig de Gràcia
OBSERVAÇÕES
Pode contar com filas nas obras de Gaudí, Casa Amatller e La Pedrera. Faça reservas para ambas *on-line* ou chegue cedo. Observe que, partindo do final deste itinerário, a Sagrada Família (*ver p. 70-1*) fica a cerca de 15 minutos a pé.

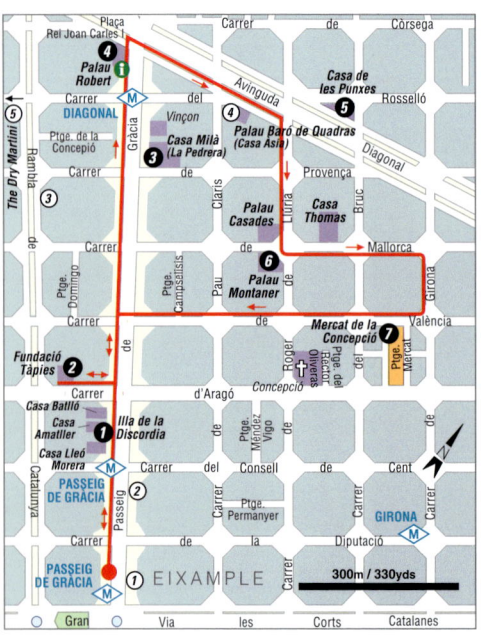

O bairro Eixample (Extensão) foi construído em 1860 segundo um traçado quadriculado, projetado por Ildefons Cerdà i Sunyer. Cada quarteirão tinha esquinas com cortes distintos, uma grande oportunidade para a burguesia enriquecida construir casas vistosas. Este bairro é a parte da cidade onde está a maior concentração de obras com fins residenciais projetadas por Gaudí e pelos modernistas (*ver p. 20-1*), que compartilhavam a crença na habilidade e na importância do detalhe e contratavam pedreiros, ceramistas, vitralistas e artesãos de bronze e ferro para transformar seus exóticos projetos em realidade.

ILHA DA DISCÓRDIA

O itinerário começa no metrô Passeig de Gràcia. Se precisar comer antes, há alguns bons bares de *tapas* nesta larga avenida, ver 🍴①e 🍴②. A Rambla de Catalunya, a oeste e paralela à Gràcia, também é bastante desenvolvida, com cafés e bares nas calçadas, incluindo **La Bodegueta**, ver 🍴③.

No lado oeste do Passeig de Gràcia, entre a Carrer del Consell de Cent e a Carrer d'Aragó, nos n. 35-43, é imperdível a **Illa de la Discordia** ❶, um trio de diferentes obras modernistas, cada uma surpreendente à sua maneira.

Casa Lleó Morera
Na esquina sul do quarteirão, no n. 35, fica a propriedade particular Casa Lleó Morera (fechada ao público), de Lluís Domènech i Montaner, arquiteto mais famoso por seu Palau de la Música Catalana (*ver p. 44*). O nome vem das palavras catalãs para "leões" e "amoreiras", elementos usados na decoração. O edifício se distingue por suas extravagantes torres ovais.

Casa Amatller
Domènech i Montaner foi mentor de Josep Puig i Cadafalch (1867-1957), arquiteto da próxima obra do trio: a azulejada **Casa Amatller**, de empena holandesa, que fica três casas adiante, no n. 41. A entrada do térreo é aberta aos visitantes, e há ali uma livraria e um balcão de informações. Uma exposição de fotografia mostra como era a casa quando a família Amatller (uma dinastia de fabricantes de chocolate) morava lá, depois do término da obra em 1900.

Casa Batlló
Ao lado, no Passeig de Gràcia 43, fica a **Casa Batlló** de Gaudí (diariamente, 9h-20h; tel.: 93 216 03 06; <www.casabatllo.es>; planeje uns 20 min. de fila; melhor reservar *on-line*; pago), com uma fachada espetacular de cerâmica azul e verde, janelas sensualmente curvas e telhado de escamas que lembra um monstro marinho (alguns sugerem que representa São Jorge, padroeiro de Barcelona, e o dragão). A casa foi construída para o barão dos tecidos Josep Batlló, entre 1902 e 1906, e seus apartamentos, o sótão e o telhado estão hoje abertos à visitação.

Acima, da esquerda para a direita: cobertura da Casa Batlló; Casa Amatller; uma moça em Eixample; arquitetura modernista inspirada na natureza.

Na página ao lado: destaques na cobertura, La Pedrera.

Na página ao lado, embaixo: a Casa Batlló à noite.

Rota modernista
Compre um exemplar do guia *Ruta del Modernisme* na Casa Amatller ou em ponto turístico, para informações sobre todos os 115 lugares modernistas na cidade e fora dela, incluindo restaurantes e bares. Ver <www.rutadelmodernisme.com>.

Onde comer 🍴

① BA-BA REEBA
Passeig de Gràcia 28; tel.: 93 225 81 88; €€€
Localizado num espaço amplo de dois andares, este excelente bar-restaurante de *tapas* tem um ar moderno e divertido. A cozinha fica aberta das 12h à 1h30.

② TAPA TAPA
Passeig de Gràcia 44; tel.: 93 488 33 69; €€
Há mais de 80 tipos de *tapas* nesta casa de maravilhas gastronômicas, bastante conveniente para uma visita a qualquer hora do dia. Tem também boas cervejas.

③ LA BODEGUETA
Rambla de Catalunya 100; tel.: 93 215 48 94; €€
Uma bodega de estilo antigo, com grandes barris e mesas de mármore. As azeitonas, os *tacos de manchego* e o *jamón serrano* ajudam a engolir o vinho tinto áspero.

Acima, da esquerda para a direita: o saguão modernista de Gaudí, azulejos, janela e a cobertura, o telhado espanta-bruxas, tudo em La Pedrera.

Antoni Tàpies
Tàpies, provavelmente o mais famoso artista espanhol vivo, nasceu em Barcelona, em 1923. Foi amigo de Joan Miró e foi identificado com uma cultura catalã distinta por sua obra abstrata e intransigente.

Abaixo: La Pedrera.

FUNDAÇÃO TÀPIES

Depois da ilha da discórdia, vire à esquerda na Carrer d'Aragó. No n. 255, no lado norte da rua, coroada por uma escultura de metal retorcido chamada *Núvol i Cadira* (*Nuvem e Cadeira*), fica a **Fundació Tàpies** ❷ (tel.: 93 487 03 15; <www.fundaciotapies.org>; fechada para reforma, visite o *website* para informações sobre a reabertura). Fundada em 1984 pelo artista Antoni Tàpies (1923-), a fundação é parte galeria – exibe a obra de Tàpies e realiza exposições temporárias – e parte centro de estudos, com uma ótima biblioteca. Está localizada num prédio projetado por Lluís Domènech i Montaner para a editora de seu irmão; construído em 1880, foi a primeira obra residencial da cidade a empregar estrutura de ferro.

LA PEDRERA

Volte pela Carrer d'Aragó até o Passeig de Gràcia. Atravesse a rua e ande até o n. 92, na esquina da Carrer de Provença, onde fica a **Casa Milà** ❸ (tel.: 902 400 973; <www.caixacatalunya.es>; diariamente, 10h-20h; pago), comumente chamada "La Pedrera", por sua fachada ondulada de pedra cinzenta.

Iniciado em 1901, este edifício extraordinário – a obra residencial mais famosa de Gaudí – era um projeto controverso: um bloco de apartamentos, com 8 andares, sem linhas retas, localizado em torno de dois pátios internos. Gaudí projetou a primeira garagem subterrânea da cidade e esculpiu um telhado de chaminés chamadas de *espantabruixes*, ou "espanta-bruxas", inspiradas em cavaleiros medievais.

Depois de anos de decadência, o prédio foi recuperado, quando a Unesco o declarou patrimônio cultural, e a caixa econômica Caixa de Catalunya assumiu a restauração. Estão abertos à visitação o pátio, o sótão (que abriga uma exposição da obra de Gaudí), o telhado decorado com *trencadis* (mosaico de cacos de azulejos) e o apartamento de exposição, cuidadosamente projetado no estilo modernista. No primeiro andar, há também um espaço de exposição para mostras temporárias.

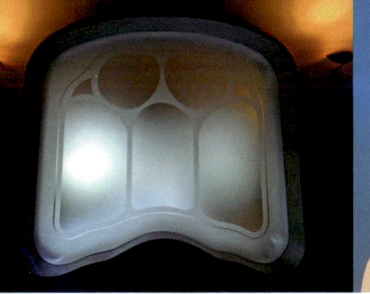

Ao norte de La Pedrera

Logo depois de La Pedrera, no Passeig de Gràcia 96, fica **Vinçon**, uma importante loja de *design* de interiores que vende de tudo, de artigos de papelaria estilosos e brinquedos antigos a móveis e tecidos; também realiza exposições. Vá ao andar de cima para apreciar o edifício onde já morou o artista Ramón Casas (1866-1932).

Próximo, na Plaça del Rei Joan Carles I, fica o **Palau Robert** ❹, onde está um centro de informações da Catalunha. Também há exposições aqui e um jardim agradável e sossegado.

AVINGUDA DIAGONAL

Vire à direita, na Avinguda Diagonal, que corta Eixample diagonalmente e vai até o mar. À direita, no n. 373, fica o **Palau Baró de Quadras**, construído em 1904 por Puig i Cadafalch, hoje **Casa Àsia** (tel.: 93 238 73 37; <www.casaasia.es>; 2ª-sáb., 10h-20h; dom., 10h-14h; grátis), centro cultural cujo foco das exposições e da biblioteca se dirige à Ásia e ao Pacífico asiático. Há um pátio pequeno e bonito, lindas sacadas envidraçadas no segundo andar, um café, ver ⓣ❹, e um terraço.

Conforme desce a Diagonal, procure pela **Casa de les Punxes** ❺ (Casa das Pontas). O prédio se chama Casa Terrades por causa de suas torres pontudas.

Marcos modernistas

Neste ponto, vire à direita e desça a Carrer de Roger de Llúria. Na esquina com a Carrer de Mallorca, no lado norte, fica o **Palau Casades**, que hoje abriga o Il.lustre Col.legi d'Advocats (Faculdade de Direito). No lado sul, está o **Palau Montaner** ❻ (sáb.-dom., 10h-14h; pago), com atraentes beirais azulejados e exterior em mosaico. Projetado por Domènech i Montaner para ser a residência de seu irmão livreiro – a família toda morou aqui de 1893 até 1939 – hoje é sede do governo de Madri em Barcelona.

Domènech i Montaner também projetou a **Casa Thomas**, na Carrer de Mallorca 291-3, alguns passos virando à esquerda, hoje ocupada por **El Favorita**, designers de móveis modernos. (Você pode entrar e admirar o prédio.)

Continue por mais um quarteirão até a Carrer de Girona, vire à direita e novamente à direita, até chegar ao **Mercat de la Concepció** ❼ (Carrer d'Aragó 313-17; tel.: 93 457 53 29; <www.laconcepcio.com>; 2ª, 8h-15h; 3ª-6ª, 8h-20h; sáb., 8h-16h; *ver p. 14*), que vende todo tipo de alimento e tem algumas bancas com jeito de bar, onde se podem comprar bebidas e refeições leves. Para voltar para o Passeig de Gràcia, basta andar para oeste ao longo da Carrer de València.

Dicas de moda

Alguns dos estilistas mais importantes de Barcelona têm loja em Eixample. Um dos mais famosos é Antonio Miró, cuja loja principal fica na Carrer del Consell de Cent 349. Josep Font está na Carrer de Provença 30. Entre outros lugares a visitar, está Bad Habits, na Carrer de València 261, a loja de Mireya Ruiz, com texturas, formas e tecidos experimentais. Na mesma rua (n. 273) fica On Land, com roupas masculinas e femininas de estilistas jovens como Josep Abri. Também vale uma olhada a Camiseria Pons, localizada numa encantadora construção modernista na Carrer Gran de Gràcia 49.

Onde comer

❹ **BAR AZAFRÁN**
Casa Àsia, 373 Avinguda Diagonal; tel.: 93 238 73 37; €
No térreo do centro asiático fica este atraente café-bar, que serve uma variedade de bebidas e comidas de estilo oriental.

SAGRADA FAMÍLIA E PARK GÜELL

Nenhuma visita a Barcelona está completa sem uma excursão às obras do grande arquiteto Antoni Gaudí. Sua espetacular igreja da Sagrada Família é um passeio essencial, que pode ser combinado com uma visita à casa-museu de Gaudí no Park Güell, de estilo fantástico, acomodado bem acima da cidade.

DISTÂNCIA 3 km
TEMPO 4 horas
INÍCIO Sagrada Família
FIM Park Güell
OBSERVAÇÕES
Este é um itinerário com dois destinos e, em ambos, você pode comprar um ingresso que dá direito a visitar tanto a Sagrada Família quanto a casa-museu de Gaudí no Park Güell.

Comece o dia com o espantoso templo inacabado de Antoni Gaudí (1852-1926), facilmente acessível de metrô (estação Sagrada Família nas linhas L2 e L5). Se sentir fome durante o passeio, experimente um dos lugares da Avinguda de Gaudí, ver ①.

SAGRADA FAMÍLIA

Depois de concluir sua última encomenda, a Casa Milà (La Pedrera; *ver p. 68*), em 1910, Gaudí devotou seus últimos 16 anos de vida ao **Temple Expiatori de la Sagrada Família** ❶ (Carrer de Mallorca 401; tel.: 93 207 30 31; <www.sagradafamilia.org>; abr.-set.: diariamente, 9h-20h; out.-mar.: diariamente, 9h-18h; pago; oferece visitas guiadas; opção de ingresso combinado com Park Güell, válido por um mês). Gaudí passou seus últimos 10 anos de

Onde comer
① **LA RENAIXENÇA**
Avinguda de Gaudí 16; tel.: 93 347 67 40; €
Há muitas casas de *fast-food* em torno da Sagrada Família, especialmente na Avinguda de Gaudí. Esta pizzaria é uma boa opção.

vida trabalhando sem receber, morando numa cabana no canteiro de obras. Viveu muito modestamente, empregando todo o dinheiro e a energia que tinha em sua obra até a morte, em 1926.

Fachadas existentes
Antes de entrar, vale a pena andar em volta da construção ainda inacabada, para ter uma ideia de seu desenho. A austera fachada ocidental foi concluída nos anos 1980, com estátuas de um artista local, Josep Maria Subirachs, e do escultor japonês Etsuro Soto. A única fachada concluída pelo próprio Gaudí foi a oriental, dedicada à Natividade, com 3 pórticos, para Fé, Esperança e Caridade, e 4 torres coloridas que parecem tentáculos, uma das quais tem um elevador interno que leva ao céu visitantes que não sofram de vertigem.

Em construção
Parte do fascínio está em observar operários e artesãos trabalhando – tanto no alto como no solo, na nave sem paredes, onde as plantas também ficam expostas. Com 110 m de extensão, a Sagrada Família acabará com 27 m a mais que a catedral da cidade, quase duas vezes mais alta, com uma torre principal que chega a 198 m. A conclusão da obra está prevista para 25 ou 30 anos – a data anteriormente preferida, 2026, para comemorar o centenário da morte de Gaudí, parece cada vez mais improvável.

Cripta
A cripta onde Gaudí está enterrado também abriga o museu que mostra como o arquiteto imaginava o templo terminado e como suas ideias mudavam com frequência. Uma maquete em escala revela que os pilares da nave, que durante muito tempo serviu de canteiro de obras, formarão como que uma alameda de árvores num bosque encantado.

HOSPITAL DE LA SANTA CREU

Ao sair da Sagrada Família, olhe para o alto da Avinguda Gaudí – ou ande por ela – no lado norte do templo. Esta anárquica avenida diagonal – Gaudí não gostava da rigidez de Eixample – leva ao **Hospital de la Santa Creu i Sant Pau** ❷ (Carrer de Sant Antoni María Claret, 167; tel.: 93 291 90 00; <www.santpau.es>; grátis).

Projetado por Lluís Domènech i Montaner e iniciado em 1902, o hospital é uma bela obra modernista, com pavilhões separados conectados por passagens subterrâneas no estilo de uma agradável cidade-jardim, para acelerar a recuperação de seus pacientes. O edifício está colocado num ângulo de 45° em relação ao resto de Eixample, a fim de aproveitar melhor a luz do sol. É hoje patrimônio mundial da Unesco.

PARK GÜELL

Neste ponto, é hora de seguir para o **Park Güell** ❸ (Carrer d'Olot; diariamente, 10h-pôr do sol; grátis). Há vários modos de chegar até lá, partindo da Sagrada Família: pegar o ônibus turístico do lado de fora da igreja; pegar o metrô para Lesseps (*conforme mos-*

Acima, da esquerda para a direita: vista da Sagrada Família de um ponto do outro lado da cidade, em Montjuïc (*ver p. 73*), mostrando uma atleta de saltos ornamentais nos Jogos Olímpicos de 1992; a fachada oriental da igreja, concluída por Gaudí; detalhe de uma espiral; uma obra em construção.

Na página ao lado e abaixo: detalhes da Sagrada Família e do Park Güell.

Acima, da esquerda para a direita:
Casa-Museu Gaudí; escultura em mosaico; CaixaForum de Montjuïc; Fundació Joan Miró.

Terrenos no parque
Só três terrenos da cidade-jardim planejada por Güell foram vendidos. Gaudí comprou um, onde hoje está a Casa-Museu; os outros dois foram vendidos para a família Trias, que ainda é proprietária deles.

trado no mapa) e andar (morro acima) 1.200 m ou pegar o ônibus n. 24; ou pegar o ônibus n. 92 do lado de fora do Hospital de la Santa Creu i Sant Pau. Chamar um táxi é uma alternativa.

Histórico
Originalmente, o local pertencia a um cliente de Gaudí, o rico industrial Eusebi Güell, que queria criar no lugar uma cidade-jardim com casas – daí a grafia inglesa: *park*. O projeto nunca foi totalmente realizado e, em 1922, a família Güell doou o parque à cidade.

O parque
A entrada principal é flanqueada por dois extravagantes pavilhões, projetados por Gaudí. O da esquerda é uma loja e o da direita abriga uma exposição que conta a história da construção do parque.

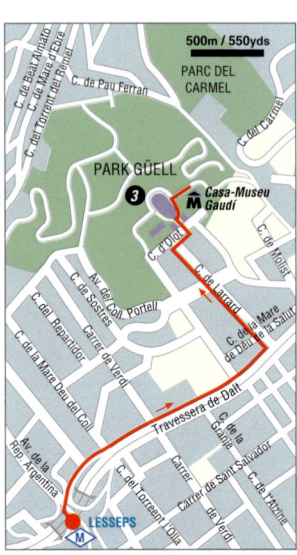

Uma escada dupla, dominada por uma magnífica salamandra de mosaico de azulejos (*ver p. 10*), conduz até a atração principal do parque, uma praça em dois níveis. O inferior é um saguão sustentado por colunas; originalmente, seria o saguão do mercado da propriedade. Emoldurando a praça, há um banco ondulado de mosaico de azulejos. Esse banco comprido, colorido e ondulado (*ver p. 21*) – que, com a salamandra, é o ponto mais fotografado do parque –, na verdade, não é obra de Gaudí, mas de seu assistente, Josep Jujol i Gibert.

Não se apresse e vagueie pelas trilhas que serpenteiam pelo parque. Algumas têm a forma de viadutos, sustentados por pilares de pedra torcidos. Periquitos verdes são vistos com frequência voando entre as palmeiras.

A Casa-Museu Gaudí
Em 1906, Gaudí comprou a casa do arquiteto Francesc Berenguer, já dentro do parque, à direita da entrada. A construção encantadora, que parece saída de um conto de fadas, é hoje a **Casa-Museu Gaudí** (tel.: 93 219 38 11; abr.-set.: diariamente, 10h-19h45; out.-mar.: diariamente, 10h-17h45; pago). Com 3 andares, ela ainda tem mobília do tempo em que o arquiteto morou lá, incluindo sua cama, seu genuflexório e seu crucifixo.

Volte para o centro pegando o ônibus 24 ou 25, ou o metrô na estação Lesseps. Se ainda tiver energia, você pode descer a pé até Gràcia (*ver p. 82-3*), para dar uma olhada na Casa Vicens, de Gaudí.

MONTJUÏC

Designado pelo nome de um cemitério judeu, o morro no sul de Barcelona abriga o mais notável acervo artístico da região, alguns edifícios dispersos construídos para os Jogos Olímpicos de 1992, a excelente Fundació Joan Miró e o divertido Poble Espanyol.

Os edifícios erguidos para os Jogos Olímpicos de 1992 foram as últimas atrações de uma série de outras colocadas na encosta de Montjuïc, que tem 213 m de altura. A maioria das grandes salas de exposição e dos palácios culturais é remanescente de outro acontecimento cultural importante da cidade, a Exposição Universal de 1929.

Mas há muito esse morro ocupa posição de destaque na história da cidade. Sua rocha foi extraída para construir a catedral, e seu castelo, que tem uma maravilhosa vista de 360°, testemunhou todos os triunfos e crueldades da história de Barcelona (*ver p. 24-5*).

Para ver tudo o que há em Montjuïc, é preciso mais de um dia, e este itinerário se concentra nas principais atrações, mas há outras que se encontram ao longo do caminho; assim, você pode escolher o que quer ver.

PLAÇA D'ESPANYA

A melhor maneira de conhecer Montjuïc é começar pela **Plaça d'Espanya** ❶, servida pelas linhas 1 e 3 do metrô. Ao lado da praça, fica **Las Arenas**, uma enorme praça de touros de estilo neomudéjar, construída em 1899. A arena não é utilizada para touradas, porque elas estão proibidas na Catalunha pela Generalitat (governo local).

DISTÂNCIA 5 km
DURAÇÃO 5 horas
INÍCIO Plaça d'Espanya
FIM Paral.lel metro
OBSERVAÇÕES
Você não vai conseguir apreciar devidamente todas as atrações de Montjuïc num dia, por isso, antes de iniciar o passeio, escolha o que quer ver. A subida é íngreme e as ruas, sinuosas; pegue o ônibus ou o funicular (*ver à direita*), para economizar energia.

SUBIDA DO MORRO

Neste ponto, suba a **Avinguda de la Reina Maria Cristina**, passando pelas cópias do campanário de Veneza feitas por Lluís Domènech i Montaner, para marcar a esplêndida entrada da Exposição de 1929. Do outro lado dessa esplanada ficam os imensos recintos da **Fira de Barcelona** [Feira de Barcelona], alguns dos quais têm sido muito úteis desde 1929.

A fonte mágica de Montjuïc

No alto da avenida, aonde se chega por escadas rolantes ao ar livre (se estiverem funcionando), fica a **Font Màgica de Montjuïc** ❷ (tel.: 93 316 10 00; <www.bcn.es/fonts>; mai.-set.: 5ª-dom., 20h-24h; out.-mai.: 6ª-sáb., 19h-21h; grátis), projetada por Carles

Nada de touradas
A Generalitat (governo local) se opõe oficialmente às touradas.

Funicular e ônibus
Uma das maneiras de subir e descer o Montjuïc é usar o funicular que vai do metrô Paral.lel até logo acima da Fundació Joan Miró. De lá, o teleférico sobe até o castelo. O ônibus de turismo do qual se pode entrar e sair vai da Plaça d'Espanya até o castelo a cada 40 min., de junho a setembro (no inverno, só nos fins de semana), parando em todas as principais atrações mencionadas neste itinerário. Uma alternativa é pegar um táxi.

Acima, da esquerda para a direita:
Pavilhão Mies van der Rohe; estátua no pavilhão; cúpula no Palau Nacional; Palau Nacional.

A "Barcelona"
Mies van der Rohe criou a cadeira "Barcelona", de aço cromado e couro, para o rei e a rainha da Espanha, quando fossem à Exposição Universal de 1929.

Buïgas em 1929. Com uma altura de 50 m, ela é magnífica especialmente à noite, iluminada por mais de 4.500 lâmpadas coloridas dançando ao som de músicas que vão de Beethoven a temas de filmes de Hollywood.

Museu de Arqueologia e o entorno

Se você virasse à esquerda neste ponto, logo chegaria ao **Mercat de les Flors**, um conjunto de teatros que inclui o **Institut del Teatre** e o **Teatre Lliure**, que leva ao palco uma grande variedade de produções e tem um bom restaurante, ver 🍴①.

Próximo, fica o **Museu d'Arqueologia** (Passeig de Santa Madrona 39-41; tel.: 93 423 21 49; <www.mac.es>; 3ª-sáb., 9h30-19h; dom., 10h-14h30; pago). Construído para a exposição de 1929, como Palácio das Artes Gráficas, este museu abriga os achados arqueológicos da cidade, do entreposto comercial greco-romano em Empúries e do povoado ibérico de Ullastret, na Costa Brava.

Em frente ao museu, está o jardim público que leva ao teatro de arena **Teatre Grec**. Também construído para a exposição de 1929 e localizado numa antiga pedreira, é usado no verão para as peças e os concertos que fazem parte do Festival del Grec (tel.: 93 316 10 00; <www.bcn.es/grec>), que dura 2 meses.

Pavilhão Mies van der Rohe

De volta à Font Màgica, logo à direita dela, na Avinguda del Marquès de Comillas, fica o **Pavelló Mies van der Rohe** (tel.: 93 423 40 16; diariamente, 10h-20h; pago), projetado pelo diretor da Bauhaus, Mies van der Rohe, como

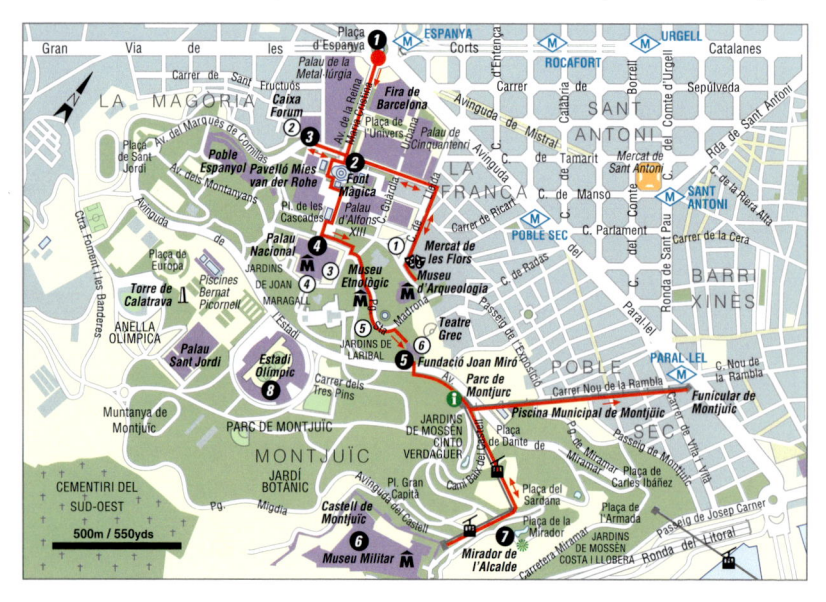

Pavilhão Germânico, uma área de recepção para a exposição de 1929. É notável por suas linhas sóbrias de mármore e vidro polidos, complementadas por um lago pequeno e tranquilo. O pavilhão original foi demolido depois da Exposição Universal, mas reconstruído em 1986, para comemorar o centenário de nascimento de seu criador.

CaixaForum

Do lado oposto ao pavilhão, fica uma fábrica modernista, a Casaramona, construída em 1911 por Josep Puig i Cadafalch. Redesenhada por Arata Isozaki como **CaixaForum** ❸ (Avinguda del Marquès de Comillas 6-8; tel.: 93 476 86 00; <www.fundacio.lacaixa.es>; 3ª-dom., 10h-20h; grátis), é um dos espaços culturais mais vibrantes da cidade. Realiza exposições em suas 4 galerias e também concertos, palestras e exibição de filmes, e tem um centro de mídia, uma livraria e um bom café, ver ①②.

PALAU NACIONAL

A próxima atração importante no caminho é o **Palau Nacional** ❹, o formidável palácio neoclássico que domina a fonte e a entrada da Avinguda de la Reina Cristina. O palácio abriga o **Museu Nacional d'Art de Catalunya** (MNAC; tel.: 93 622 03 76; <www.mnac.es>; 3ª-sáb., 10h-19h; dom., 10h-14h30; pago, exceto na primeira quinta-feira do mês; os ingressos são válidos por 2 dias), um repositório de arte catalã, renascentista, gótica e moderna e, principalmente, a melhor coleção de arte românica do mundo.

Onde comer

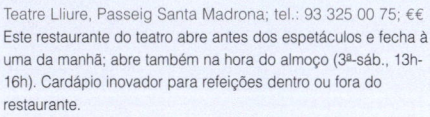

① EL LLIURE
Teatre Lliure, Passeig Santa Madrona; tel.: 93 325 00 75; €€
Este restaurante do teatro abre antes dos espetáculos e fecha à uma da manhã; abre também na hora do almoço (3ª-sáb., 13h-16h). Cardápio inovador para refeições dentro ou fora do restaurante.

② LAIE-CAIXAFORUM
Avinguda del Marqués de Comillas 6-8; tel.: 93 476 86 69; €
O restaurante da CaixaForum oferece diariamente um cardápio fixo mais uma grande variedade de saladas, sanduíches, salgados, doces e sucos.

Poble Espanyol

Se você continuar subindo a Avinguda del Marquès de Comillas, depois da CaixaForum, chegará ao Poble Espanyol ou Vilarejo Espanhol (tel.: 93 325 78 66; <www.poble-espanyol.com>; das 9h até tarde; pago), um dos lugares mais apreciados da cidade, que atrai 1,5 milhão de visitantes por ano, a maioria espanhóis. Cerca de 120 prédios representam a arquitetura de toda a Espanha, da mourisca Andaluzia ao acidentado País Basco, em estilos que vão do séc. XII ao XIX. O conjunto foi projetado para a exposição de 1929 e, desde então, tornou-se um centro de lazer e "Cidade dos Artesãos", onde se pode ver vidreiros, tecelões, oleiros e ferreiros trabalhando. Seus restaurantes são muito procurados à noite, e as casas noturnas incluem o Tablao de Carmen, com *show* de flamenco, e um lugar da moda, La Terraza, com pista de dança ao ar livre no verão. O conjunto todo está contido no interior de uma réplica dos muros da cidade de Ávila e uma das torres, a Torres de Àvila, é também um famoso clube noturno.

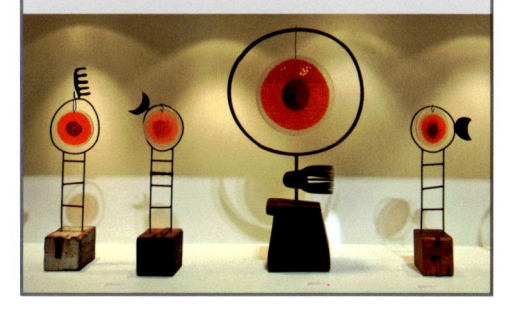

Acima, da esquerda para a direita:
Fundació Joan Miró; *Imaculada Conceição*, de Francisco de Zurbarán, NO MNAC; Torre de Calatrava; teleférico.

O acervo

As mais surpreendentes das salas do andar de baixo, dedicadas à decoração românica, são as que expõem murais retirados das absides de remotas igrejas dos Pirineus no início do séc. XX, transportados em mulas e restaurados. Eles são complementados por crucifixos, retábulos e ataúdes.

O acervo de arte gótica e renascentista, nos andares superiores, é menos completo, embora os mestres do gótico na Catalunha, Jaume Hughet, Bernat Martorell e Lluís Dalman, estejam representados. O acervo barroco foi aumentado com a inclusão da coleção Thyssen, anteriormente guardada no mosteiro de Pedralbes (*ver p. 80*).

A coleção catalã do museu inclui obras dos sécs. XIX e XX, de Casas, Rusiñol, Nonell e Fortuny, assim como arte decorativa de interiores modernistas, incluindo móveis de Gaudí e Jujol. Uma sala tem 9 obras de Picasso; outra é dedicada à fotografia catalã, com uma pequena coleção de gravuras que inclui algumas imagens representativas da Guerra Civil.

Além das galerias, o museu também abriga uma grande sala de concertos, uma área aberta com sofás confortáveis no primeiro andar, sob a cúpula do edifício, um café, ver ③, e um restaurante mais fino, Oleum, ver ④.

FUNDAÇÃO JOAN MIRÓ

A próxima parada sugerida é a Fundació Joan Miró, aonde se pode chegar virando à direita na saída do Palau Nacional e subindo a encosta. Você vai passar pelo **Museu Etnològic** (Passeig de Santa Madrona; tel.: 93 424 68 07; <www.museuetnologic.bcn.es>; verão: 3ª-sáb., 12h-20h; inverno: 3ª, 5ª, 10h-19h; 4ª, 6ª-dom., 10h-14h; pago), o recém-renovado Museu de Etnologia da cidade. Entre nos lindos **Jardins de Laribal** (10h-pôr do sol; grátis), para ir ao café-restaurante **El Font del Gat**, ver ⑤.

Um pouco mais adiante, fica a **Fundació Joan Miró** ❺ (tel.: 93 329 19 08; <www.bcn.fjmiro.es>; out.-jun.: 3ª-sáb., 10h-19h; jul.-set.: 3ª-sáb., 10h-20h; o ano todo: 5ª, até 21h30; dom. 10h-14h30; pago), num edifício do arquiteto Josep Lluís Sert (1902-83), projetado para exibir a obra do pintor

---

Os jardins de Montjuïc

Há muitos jardins em Montjuïc – os jardins de Joan Maragall, formais, de estilo francês, adornam a área do Palauet Albéniz, já os jardins de Mossèn Cinto Verdaguer ficam na casa de campo de estilo inglês. O recém-inaugurado Jardí Botànic, de 14 ha, entre o estádio olímpico e o castelo, é um jardim sustentável que expõe plantas de todo o Mediterrâneo. Os jardins de Mossèn Costa i Llobrera, no lado sul do morro, que se inclina para o mar, já foram um posto de defesa estratégico para a cidade, a bateria Buenavista. Hoje, é um jardim de cactos, um dos melhores do mundo, de acordo com o *The New York Times*. Tem cactos de todo o México, da Bolívia, da África e da Califórnia. Um hotel 5 estrelas será construído ali, como parte dos planos para avançar na revitalização de Montjuïc.

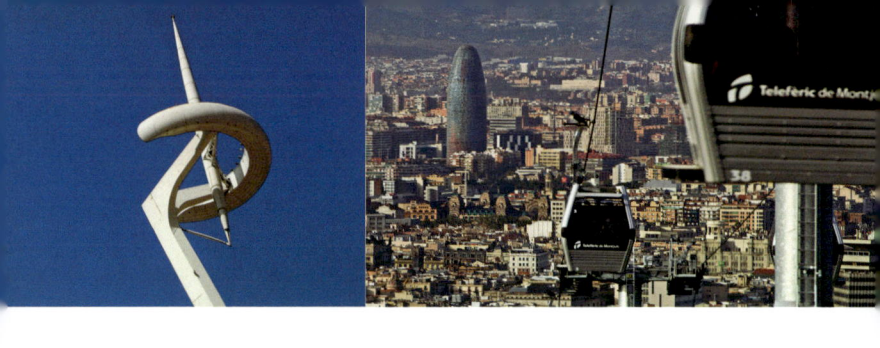

Joan Miró (1893-1983) e inaugurado em 1975. Os dois, que eram amigos, nasceram em Barcelona, mas viveram a maior parte da vida exilados pelo regime franquista: Miró em Paris e, depois, Maiorca; Sert nos Estados Unidos, onde se tornou diretor da Faculdade de Arquitetura de Harvard.

A galeria abriga um acervo grande e excelente da obra de Miró, incluindo sua marca registrada, as esculturas de cores primárias que estão na cobertura. Aqui, são realizados concertos regularmente e há também um agradável restaurante, ver 🍽❻.

CASTELL DE MONTJUÏC

Saindo da galeria, suba a Avinguda de Mirimar até a **estação do funicular**. Do lado oposto, está o centro de **informações turísticas** de Montjuïc. Daqui, você pode pegar o teleférico ou um ônibus até o **Castell de Montjuïc** ❻. Construído em 1640, durante a Revolta dos Ceifeiros, foi reprojetado no reino de Felipe V. Em 1939, no fim da Guerra Civil, foi usado como prisão e campo de execuções. Hoje, abriga o **Museu Militar** (tel.: 93 329 86 13; 3ª-dom., 9h30-20h; até 17h no inverno; pago). As exposições incluem uma variedade de armas, soldados em miniatura, bandeiras, uniformes, pinturas e outros objetos de recordação.

Do ponto logo abaixo do castelo, perto do **Mirador de l'Alcalde** ❼ e da estátua dos dançarinos de sardana, o teleférico o levará de volta ao funicular e ao metrô Paral.lel, mas você pode pegar um ônibus para voltar à Plaça d'Espanya.

ATRAÇÕES OLÍMPICAS

Se quiser admirar o legado dos Jogos Olímpicos de 1992, pegue o ônibus que faz o trajeto entre o castelo e a Plaça d'Espanya e desça no ponto do **Estadi Olímpic** ❽ (Estádio Olímpico). O que se vê hoje é o estádio de 1929 remodelado, com uma exposição permanente do evento de 1992 na **Galeria Olímpica** (2ª-6ª, 10h-13h, 16h-18h; grátis).

Logo depois estão os admiráveis **Palau Sant Jordi** e a piscina **Bernat Picornell**. Com 188 m de altura, a torre de comunicação **Torre de Calatrava** se eleva na **Plaça d'Europa**, de onde há lindas vistas do sul.

Saltos ornamentais
Saindo da estação do funicular e subindo a rua, chega-se às piscinas municipais, as Piscines Bernat Picornell (Avinguda de l'Estadi 30-40; tel.: 93 423 40 41; <www.picornell.com>; piscina descoberta: jun.-set.: 2ª-sáb., 9h-21h; dom., 9h-20h; out.-mai., 2ª-sáb., 10h-19h; dom., 10h-16h; piscina coberta, horário mais extenso; pago). Construídas para as provas de salto ornamental dos Jogos Olímpicos de 1992, de suas arquibancadas há uma vista fabulosa da cidade (*ver p. 70*). Às vezes, há exibição de filmes à noite.

Onde comer

③ CUBIC CAFETERIA
Palau Nacional; tel.: 93 622 03 60; €
Uma parte do Saguão Oval é tomada por este café sem rebuscamento, que serve sanduíches, doces e salgados.

④ OLEUM
Palau Nacional; tel.: 93 289 06 79; €€
Com sua vista panorâmica refletida no teto espelhado, este restaurante serve cozinha mediterrânea, das 13h às 16h.

⑤ EL FONT DEL GAT
Passeig de Santa Madrona 28; tel.: 93 289 04 04; fechado às 3ªs €€
Este café-restaurante foi projetado por Puig Cadafalch e serve uma comida excelente e inovadora, com sorvetes e sorbets caseiros e um bom cardápio do dia, na hora do almoço.

⑥ BAR RESTAURANT
Fundació Miró, Avinguda de Miramar 1; tel.: 93 329 07 68; €
Restaurante encantador, com pátio externo e bons pratos básicos, como massas, além de receitas regionais, que incluem o aromático guisado de coelho.

BARÇA

Um dos times de futebol mais ricos do mundo, com aproximadamente 100 mil membros, o time número um de Barcelona, o Barça enche a cidade de orgulho. Seu museu, o foco deste curto itinerário, é um dos mais populares da cidade.

DISTÂNCIA 1 km
DURAÇÃO 2 horas
INÍCIO/FIM Palau Reial metro
OBSERVAÇÕES
Este é um bom passeio para a família: barato e relativamente curto, com apenas uma pequena caminhada do metrô ao estádio. Pode ser combinado com uma visita ao Palau Reial (ver p. 81).

Mais que um time

O slogan do Barça, "*Més que un club*", reflete seu lugar na história cultural da Catalunha. Apresenta a Barça como defensor de direitos e liberdades, reputação adquirida durante a era franquista, quando os jogos contra Madri eram notoriamente influenciados a favor da capital. Hoje, a massa de torcedores do Barça se estende muito além da Catalunha e, para mostrar sua faceta de cuidado permanente com o mundo, contribui regularmente para os programas de ajuda humanitária das Nações Unidas. Além disso, os jogadores carregam o logo do Unicef na camisa.

Depois do Museu Picasso (*ver p. 47*), o Museu do Barça é o mais visitado da cidade. Torcedores de todo o mundo vêm ver um dos maiores estádios da Europa, maravilhar-se com os muitos troféus do time, assistir a videoteipes, regozijar-se com as glórias passadas e sentar na tribuna de honra.

Os jogos do Barça param a cidade e escravizam os barceloneses (observe que a cidade tem outro time de futebol, o Espanyol, cujo estádio é o Estadi Olímpic, em Montjuïc; *ver p. 77*).

Como chegar

Quando se sai do **metrô Palau Reial** ❶, no lado sul da Avingunda Diagonal, a cúpula do estádio já pode ser vista atrás do imenso estacionamento da universidade. São apenas 10 min. de caminhada através desse estacionamento até a entrada, onde bancas vendem cachecóis, faixas e outras lembranças. Mas espere até passar pelo alambrado para encontrar uma coleção maior de suvenires nos 2 andares da **FCBotiga Megastore**. Ao lado, fica um café, ver ⑪①.

O ESTÁDIO CAMP NOU

O estádio **Camp Nou** ❷ (Avingunda de Aristides Maillol, Les Corts; tel.: 93 496 36 00; <www.fcbarcelona.com>; 2ª-sáb., 10h-18h30; dom., 10h-14h; pago), que significa "campo novo", é a sede do time desde 1957. É o maior elemento do complexo esportivo que fica logo abaixo do *campus* da universidade e do final elegante da Avinguda Diagonal. Tem capacidade para 110 mil espectadores.

Basquete, hóquei, handebol, futebol júnior e hóquei no gelo podem ser praticados nos ginásios vizinhos, o **Mini Estadi**, o **Palau Blaugrana** (*blau* significa azul, *grana* significa bordô: as cores do time) e o rinque de patinação **Pista de Gel**.

Visita e museu
A bilheteria principal, em frente à loja, vende ingressos para o **Museu del FC Barcelona** (horário de funcionamento acima). O ingresso inclui uma visita de 45 min. aos vestiários, ao túnel que leva ao campo, aos bancos dos jogadores, à tribuna de honra e à sala de imprensa. O museu abriga os muitos troféus que o Barça conquistou em sua longa e ilustre história, durante a qual o time se tornou sinônimo das aspirações catalãs. Há uma lista de jogadores e empresários famosos e videoteipes de jogadas. A melhor parte, no entanto, é simplesmente olhar para o campo espetacular e imaginar o clima durante os jogos.

Onde comer
① **SANDWICHES & FRIENDS**
Camp Nou; opposite ticket office; €
Esta eficiente e simpática rede tem uma loja no estádio, ao lado da loja de suvenires, com mesas do lado de fora e uma atmosfera familiar e descontraída.

Acima, da esquerda para a direita: dentro do estádio do Barça; bandeiras das torcidas.

Acima: escudo do Barça; cachecóis do time.

Venda de ingressos
Nos dias de semana, das 9h às 13h e das 16h às 20h. Para o mesmo dia podem ser comprados nas bilheterias do estádio na Travessera de les Corts ou na Avinguda de Joan XXIII. Os jogos começam entre 17h e 21h. *Entrada general* são ingressos baratos nas partes mais altas, *Lateral* são os de preço médio e *Tribuna* são para cadeiras cobertas. Lembre que eles são difíceis de encontrar para partidas importantes.

PEDRALBES

Este itinerário começa no elegante subúrbio de Sarrià, segue para o nostálgico mosteiro gótico de Pedralbes no alto do morro e, mais para baixo, leva até o Palau Reial do séc. XX, que possui uma fabulosa coleção de cerâmica.

DISTÂNCIA 2 km
DURAÇÃO 3 horas
INÍCIO Reina Elisenda FGC station, Sarrià
FIM Palau Reial metro
OBSERVAÇÕES
O trem FGC, que sai da Plaça de Catalunya, leva 10 min. até Sarrià (o ônibus leva 40 min.), de onde uma caminhada de 10 min. conduz ao mosteiro e, depois, outra, de 20 min., leva ao Palau Reial. Leve uma garrafa de água, pois há poucos cafés no percurso.

A estação FGC Reina Elisenda fica no centro de **Sarrià** ❶, que já foi um vilarejo e, hoje, é um bairro muito bonito e procurado de Barcelona, com um mercado, bares enfumaçados e restaurantes tradicionais, ver ⓘ①. O bairro de algum modo lembra uma cidade do interior catalão, com jardins cheios de buganvílias, bonitas casas de campo modernistas e lojas antigas.

O MOSTEIRO

Saindo da estação, são 10 min. a pé, seguindo o Passeig de la Reina Elisenda de Montcada, até o **Monestir de Pedralbes** ❷ (Baixada del Monestir 9; tel.: 93 203 92 82; abr.-set.: 3ª-sáb., 10h-17h; out.-mar.: 3ª-sáb., 10h-14h; o ano todo: dom., 10h-15h; pago, exceto no primeiro domingo do mês), ao qual se chega por uma alameda de pedra.

O mosteiro foi fundado pela rainha Elisenda de Montcada, mulher de Jaime II (o Justo), para as freiras da Ordem de Santa Clara. A rainha fez os votos aqui depois da morte de Jaime em 1327. Ainda há algumas freiras, mas a maior parte do mosteiro está aberta à visitação como **Museu Monestir de Pedralbes**.

O claustro de 3 andares é de estilo gótico catalão. As antigas celas das freiras ficam nas laterais. A cela com a decoração mais bonita, pintada em 1346 pelo catalão Ferrer Bassa, pertencia à sobrinha da rainha. Há muitos tesouros em exibição, a maioria pinturas e objetos religiosos.

Quando o mosteiro estava em pleno funcionamento, os doentes eram atendidos na enfermaria. Quatro salas dessa parte do conjunto hoje abrigam exposições sobre o cotidiano das clarissas que viveram aqui. Você pode visitar o refeitório e, ao lado, as cozinhas de azulejos azuis com pias de pedra.

A igreja

Saindo do museu, continue subindo pela lateral do prédio até chegar à entrada da igreja do conjunto, um templo gótico simples, onde está o túmulo de mármore da rainha Elisenda. Parte da nave, no fundo da igreja, é usada pelas poucas freiras que moram nos prédios do lado oposto do mosteiro.

FINCA GÜELL

Saia do mosteiro e desça a Avinguda de Pedralbes, passe pelos luxuosos (mas sem graça) prédios desta parte aristocrática da cidade. Na antiga propriedade rural do cliente de Gaudí, Eusebi Güell, no n. 7, você verá os **Pavellons de la Finca Güell** ❸ (tel.: 93 317 76 52; <www.rutadelmodernisme.com>; abertos apenas para visitas guiadas; visitas em inglês 6ª-2ª, 10h15 e 12h15; pago), com um magnífico portão de entrada, uma obra de ferro cheia de curvas, feita por Gaudí, representando um dragão conhecido como Drac de Pedralbes.

Um dos pavilhões abriga um centro de informações sobre a Ruta del Modernisme (*ver p. 67*).

PALAU REIAL

Depois da Finca, seguindo pela Avinguda Diagonal, chega-se ao **Palau Reial** ❹ (Avingunda Palau Reial de Pedralbes), de estilo renascentista, cercado por jardins planejados de tipo italiano, construído pela câmara de vereadores em 1925, a fim de estimular as visitas de Alfonso XIII. O rei foi exilado 6 anos depois, mas a sala do trono ainda existe.

Museus de Artes Decorativas

O palácio hoje abriga dois museus, o **Museu de Ceràmica** e o **Museu de les Arts Decoratives** (tel.: 93 280 16 21; <www.museuceramica.bcn.es>; <www.museuartsdecoratives.bcn.es>; 3ª-sáb., 10h-18h; dom., 10h-15h; pago, exceto no primeiro domingo do mês). A coleção de cerâmica inclui azulejos islâmicos, cerâmica de Picasso e obras modernas, já o museu de artes decorativas expõe de mobília renascentista e baús nupciais pintados ao *design* do séc. XX.

Volte para o centro da cidade pelo metrô Palau Reial, situado ao lado da entrada do palácio.

Acima, da esquerda para a direita: afrescos de Ferrer Bassa; cruz no mosteiro; estátua no Palau Reial; os claustros do mosteiro.

Acima: detalhes do Museu de les Arts Decoratives.

Onde comer

① **CASA JOANA**
Carrer Major de Sarrià 59, Sarrià; tel.: 93 203 10 36; €
Em funcionamento há muito tempo e pouco modificado, este lugar serve uma saborosa comida caseira a bons preços. Muito apreciado pelas famílias locais nos fins de semana.

GRÀCIA

Longe do alvoroço do centro da cidade, o bairro ligeiramente boêmio de Gràcia tem ruas calmas, algumas com encantadoras fachadas modernistas, lojas e bares curiosos, e uma atmosfera de comunidade.

DISTÂNCIA 2 km
DURAÇÃO 1h30min
INÍCIO Metrô Fontana
FIM Metrô Diagonal
OBSERVAÇÕES
Esta é uma sugestão de passeio pelo bairro de Gràcia, mas há poucos monumentos importantes na área. Para facilitar, a caminhada começa no alto e continua na descida.

Acima: moda (*em cima*) e acessórios (*centro*) na loja Valentino; escultura na Plaça del Sol.

A praça do diamante

A Plaça del Diamant é o local onde se desenrola o romance de mesmo nome de Mercè Rodoreda, escrito em 1962. O livro foi traduzido para mais idiomas do que qualquer outra obra literária catalã.

Acima da Diagonal, depois do Passeig de Gràcia, fica a vila de Gràcia que foi, até 1897, uma comunidade independente. Considerada radical, mantém uma tradição de artesãos e pequenas empresas familiares. É cheia de cafés, bares e pracinhas.

Durante o dia, pequenas oficinas, butiques e lojas alternativas dão ao lugar uma atmosfera charmosa e pitoresca, mas à noite, quando se abrem as portas dos bares, restaurantes, de alguns cinemas e também de um teatro, ele adquire uma energia mais vibrante.

CASA VICENS

Comece no **metrô Fontana** ❶, na **Carrer Gran de Gràcia**, uma extensão do Passeig de Gràcia, cheia de lojas, prédios de apartamentos modernistas e também local do restaurante de frutos do mar **Botafumeiro**, ver 🍴①. As fachadas modernistas são ainda mais impressionantes na **Rambla del Prat** (à esquerda da estação, depois à direita).

No final da Rambla, descendo a Carrer de les Carolines, você verá a **Casa Vicens** ❷, à esquerda. Ela foi o primeiro trabalho importante de Gaudí, aos 32 anos, encomendado por um fabricante de cerâmica e azulejo.

Observe a cerca finamente elaborada (*ver p. 100-1*). Fechada ao público, a casa é habitada pela mesma família desde que foi concluída, em 1885.

PLAÇA DEL SOL

Continue, atravesse a Gran de Gràcia, vire à direita e desça em zigue-zague pelas pequenas ruas ladeadas de oficinas, quitandas e butiques da moda até chegar à **Plaça del Sol** ❸. Um local apreciado por jovens e estudantes, e também pelas famílias do lugar, a praça é cercada de cafés, incluindo o sempre muito procurado **Sol Soler**, ver 🍴②.

Quando a noite chega, as famílias levam as crianças para casa, e a praça se torna o centro do burburinho noturno da área. A atraente arquitetura inclui o *esgrafiat* (relevo decorativo) verde do restaurante Envalira, e um restaurante libanês é o símbolo da crescente diversidade social.

PLAÇA DE RIUS I TAULET

Continue descendo, atravesse a animada Travessera de Gràcia até chegar à **Plaça de Rius i Taulet** ❹, a mais importante de Gràcia. A atração é **El Rellotge**, a torre do relógio da prefeitura, de 1864. Como todas as praças de Gràcia, esta é muito procurada pelas pessoas, que vêm para sentar, e pelas crianças, para brincar.

Siga até o fim da Gran de Gràcia e a **Casa Fuster** ❺ (*ver abaixo*). Deste ponto, a descida é curta até a Avinguda Diagonal e o metrô Diagonal.

Acima, da esquerda para a direita: Casa Vicens; caminhada em Gràcia.

A festa maior Durante uma semana, mais ou menos em 15 de agosto, as ruas e praças de Gràcia se enchem de música, desfiles, bebedores de cava e projetos criativos; é quando os moradores competem pelo título de rua mais bem decorada.

Onde comer 🍴

① BOTAFUMEIRO
Carrer Gran de Gràcia 81; tel.: 93 218 42 30; €€€
Um dos melhores (e mais caros) restaurantes de peixe de Barcelona. Tão bom que até o rei da Espanha já comeu lá.

② SOL SOLER
Plaça del Sol 13; tel.: 93 217 44 40; €
Esta antiga bodega, no centro não oficial do bairro, tem mesas de madeira e um público jovem animado. A comida simples inclui cuscuz, omeletes e quiche.

Casa Fuster

No final da Carrer Gran de Gràcia fica a Casa Fuster, a última obra de Domènech i Montaner em Barcelona, concluída em 1911. Com 6 andares, colunas de mármore e vistosos entalhes em pedra, foi descrita na época como o prédio particular mais caro da cidade. Por muitos anos, o Café Vienès ocupou o térreo e o salão de dança El Danubio, um centro de reunião da sociedade, o porão. Em 2000, a casa foi comprada pela empresa Hoteles Center e transformada num magnífico hotel 5 estrelas. O Café Vienès (*ilustrado abaixo*) foi reaberto no térreo.

TIBIDABO

A serra que se ergue sobre Barcelona é cruzada por trilhas e coroada por um parque de diversões antigo. Chega-se lá de bonde e funicular. No caminho, fica o excelente Museu de Ciência CosmoCaixa.

DISTÂNCIA 10 km
DURAÇÃO 5 horas
INÍCIO Estação FGC Avinguda Tibidabo
FIM Praça de Catalunya
OBSERVAÇÕES
O parque de diversões de Tibidabo abre apenas da Páscoa até dezembro. A melhor hora para uma visita é no fim da tarde ou no começo da noite, pois o pôr do sol é espetacular. O sistema de bondes Tramvia Blau e o funicular só funcionam quando o Parc d'Atraccions está aberto.

Segundo a *Bíblia*, o diabo levou Jesus para um "monte muito alto, e lhe mostrou todos os reinos do mundo e a sua glória, e disse-lhe: *Dar-te-ei* [*tibi dabo*] tudo isto, se, prostrando-te diante de mim, me adorares".

A 517 metros de altura, Tibidabo é o ponto mais alto da serra de Collserola, que fica atrás da cidade. Com a névoa causada pelo tráfego urbano, geralmente só dá para ver com clareza a linha dos edifícios contra o céu, mas em ocasiões raras a visão atravessa Barcelona e al-

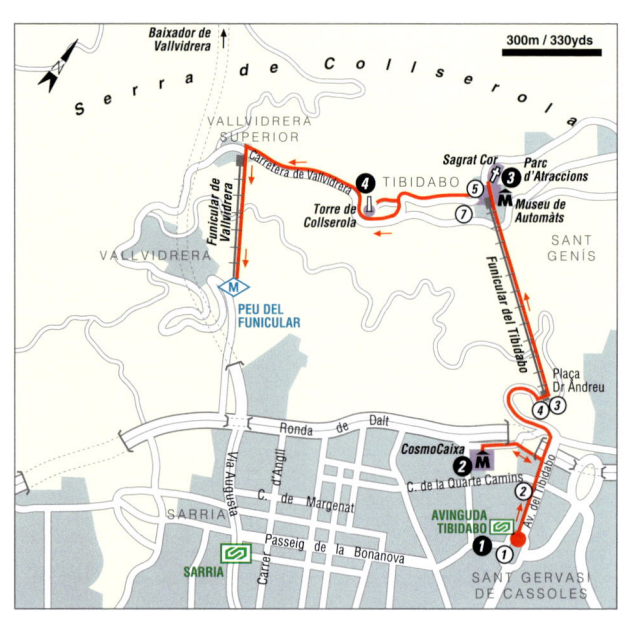

Acima: vitral no Sagrat Cor; o simpático Tramvia Blau.

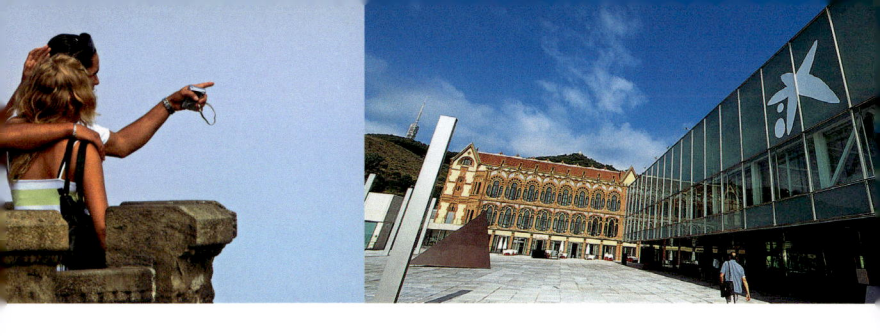

cança o mar e as ilhas Baleares, o norte, na direção dos Pireneus, e o oeste, na direção de Montserrat.

Uma tarde ou noite a essa altura pode ser um passeio familiar, que comece com diversão no CosmoCaixa, o Museu de Ciência de Barcelona, antes de continuar subindo a serra até o parque de diversões de Tibidabo.

TRAMVIA BLAU

Chegar ao alto da serra é parte da brincadeira. Pegue o trem da FGC para a **estação Avinguda Tibidabo** ❶, fortaleça-se com um chocolate quente em **El Forn de San Salvador**, ver 🍴①, e atravesse o Passeig de Sant Gervasi. Aqui, no início da Avinguda del Tibidabo, fica a parada do velho **Tramvia Blau** [Bonde Azul] de madeira, que levará você até o funicular que sobe para Tibidabo a cada 30 min. O ônibus n. 195, mais frequente, também vai até o parque de diversões.

Avinguda del Tibidabo
A viagem que sobe esta grande avenida passa por casas e *villas* modernistas, construídas para a elite da cidade, caracterizadas por suntuosos torreões e azulejos. A *villa* do n. 31 é hoje o elegante **El Asador de Aranda**, ver 🍴②.

COSMOCAIXA

No trajeto que sobe a serra, a caminho do funicular (cerca de 15 min. a pé ou duas paradas do ônibus n. 60), fica o Museu de Ciências **CosmoCaixa** ❷

(Carrer de Teodor Roviralta 47-51; tel.: 93 212 60 50; <www.fundacio.lacaixa.es>; 3ª-dom., 10h-20h; pago). Situado à esquerda, pouco antes da estrada Ronda de Dalt, é um dos museus mais divertidos da cidade.

Há um número grande de exposições interativas, incluindo equipamentos de energia e força, e computadores para testar reflexos, equilíbrio, sensibilidade à cor e habilidade para mentir. Há também fotografias tiradas de microscópios e satélites e até um submarino. Click de Nens, uma área para crianças de 3 a 6 anos, foi criada pelo designer Xavier Mariscal para que os pequenos tivessem sua primeira experiência com a ciência em estimulantes painéis interativos.

Quando terminar a visita ao museu, continue subindo a serra na direção do funicular. (Volte para a parada de ônibus, para continuar a subida nele, se não aguentar a caminhada.)

> ## Onde comer 🍴
> ### ① EL FORN DE SAN SALVADOR
> Carrer de Balmes 445; s/tel.; €€
> Este pequeno café perto da saída da estação Avinguda Tibidabo serve *xocolata desfeta*, um chocolate quente nutritivo e tão espesso que a colher fica em pé dentro dele.
>
> ### ② EL ASADOR DE ARANDA
> Avinguda del Tibidabo 31; tel.: 93 417 01 15; €€€
> Carro-chefe de uma rede de restaurantes, El Asador de Aranda serve a substanciosa comida castelhana. A especialidade da casa é cordeiro assado em forno de barro.

Acima, da esquerda para a direita: a vista de Tibidabo; no interior do Museu de Ciência CosmoCaixa; apreciando a vista; o exterior do CosmoCaixa.

CosmoCaixa
Observe que o ingresso do Museu de Ciência é mais caro do que o da maioria dos museus de Barcelona. É o custo do desgaste que o equipamento interativo sofre nas mãos de grupos de escolares entusiasmados.

Acima, da esquerda para a direita: museu de brinquedos; Madona em vitral do Sagrat Cor; a roda-gigante; o barco viking.

Voando alto
O brinquedo do avião vermelho (Avion Tibiair) do Tibidabo foi construído em 1928 e é uma réplica do primeiro avião a voar entre Madri e Barcelona.

Drinks com vista
Depois de cruzar a Ronda de Dalt, a avenida serpenteia entre propriedades arborizadas, salpicadas de fantasias modernistas na forma de terraços com arcos e grandes portais, até chegar à estação do funicular na Plaça del Doctor Andreu. Aqui, há algumas opções de lugares para tomar um drinque, com vistas lindas da cidade, incluindo **La Venta**, ver ⓘ③, e **Mirablau**, ver ⓘ④.

O funicular
O funicular *art déco*, inaugurado em 1901, sobe regularmente até o topo do Tibidabo em 7 min., numa ascensão quase vertical. Você tem de escolher no início se vai comprar bilhete só de ida ou de ida e volta. Se quiser fazer a viagem de volta de 30 min. de ônibus do topo até a Plaça de Catalunya – ou se quiser descer a pé –, escolha o bilhete só de ida.

PARC D'ATRACCIONS

O **Parc d'Atraccions** ❸ (Plaça del Tibidabo; tel.: 93 211 79 42; consulte o site para informações através do endereço: <www.tibidabo.es>; ingressos com tudo incluído dão direito a voltas ilimitadas nos brinquedos; ingressos mais baratos, para apenas 6 voltas, também estão à venda).

Os brinquedos são razoavelmente inofensivos: carros que se movem lentamente pela serra, roda-gigante e montanha-russa. A Pasaje de Terror [Túnel do Terror] e o Avion Tibiair, um avião vermelho que voa pela encosta, são provavelmente os únicos a dar frio na barriga. Há também o **Museu de Automàts**, com brinquedos mecânicos da primeira metade do séc. XX.

Onde comer

③ LA VENTA
Plaça del Doctor Andreu s/n; tel.: 93 212 64 55; €€€
Bar e restaurante chique, que serve pratos catalães.

④ MIRABLAU
Plaça del Doctor Andreu 2; tel.: 93 418 58 79; €€€
Um elegante salão para drinques com restaurante no andar de cima. Funciona como casa noturna também.

⑤ RESTAURANT LA MASIA
Plaça del Tibidabo 3–4; tel.: 93 417 63 50; €€
Sanduíches e refeições leves são servidos no terraço aberto do Hotel La Masia. No interior, há um restaurante muito apreciado.

⑥ GRAN HOTEL LA FLORIDA
Carretera de Vallvidrera al Tibidabo 83–93; tel.: 93 259 30 00; €€€
Inaugurado em 1925, este excelente local foi revitalizado. Você pode comer no L'Orangerie, um restaurante encantador, ou parar só para um drinque no bar.

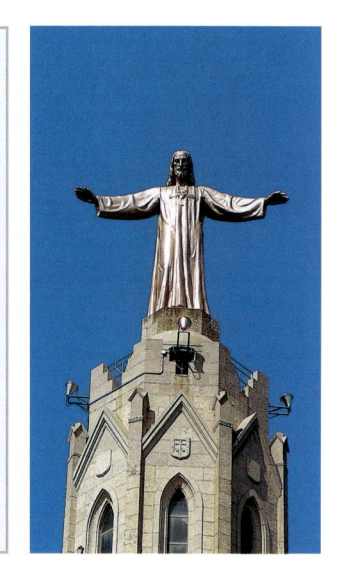

SAGRADO CORAÇÃO

No entanto, há mais em Tibidabo do que o parque de diversões. Há restaurantes com vistas panorâmicas, incluindo **La Masia** e o **Gran Hotel La Florida**, ver ⑪⑤ e ⑪⑥, e agradáveis trilhas para caminhar. Muitos turistas vêm aqui só para visitar o **Sagrat Cor** (Plaça del Tibidabo; tel.: 93 417 56 96; diariamente, 10h-14h, 15h-19h; pago), a igreja do Sagrado Coração, um volumoso ornamento arquitetônico do séc. XX, construído no local da ermida de são João Bosco, do séc. XIX. Há um elevador na torre que vai até o alto da igreja, de onde se têm vistas maravilhosas da cidade. A ermida original ainda pode ser vista atrás da igreja principal.

TORRE DE COLLSEROLA

Neste ponto, talvez você queira voltar para a cidade pelo mesmo caminho por onde veio ou, se preferir, pode escolher ir de ônibus, saindo da Plaça del Tibidabo.

Mas, se estiver disposto para uma vista ainda mais espetacular, desça a rua atrás do Hotel La Masia até a proeminente **Torre de Collserola** ❹ (Carretera de Vallvidrera al Tibidabo; tel.: 93 406 93 54; <www.torrecollserola.com>; 4ª-sáb., 11h-14h30, 15h30-20h; pago), que você, sem dúvida, já terá visto desde que chegou ao Tibidabo. Pode-se ir de elevador até a plataforma envidraçada de observação no 10º andar da torre de comunicações de 288 m de altura.

Projetada pelo arquiteto britânico Norman Foster para os Jogos Olímpicos de 1992, ela é chamada, às vezes, de **Torre Foster**.

Se quiser voltar por um caminho diferente, é só andar por mais ou menos 20 min. até a estação modernista **Vallvidrera Superior** do funicular, que levará você para a estação da FGC **Peu del Funicular**. Dali, são apenas 15 min. de trem até a Plaça de Catalunya.

Pilotos de aeromodelos
Membros do Club Vellers Collserola sobem a serra na maior parte das noites de verão para colocar seus aeromodelos para voar. Eles organizam cerca de 10 competições por ano. Os aeromodelos têm envergaduras de até 5 m.

A Serra de Collserola

O parque de Collserola, do lado oposto ao parque de diversões, é um ótimo lugar para caminhar, andar de bicicleta ou fazer piquenique. Uma viagem de apenas 13 min. de trem, saindo da Plaça de Catalunya, por um túnel, leva até Baixador de Vallvidrera. Aqui, você desembarca num outro mundo, em que o ar cheirando a pinho bate no rosto assim que as portas do trem se abrem. Suba a trilha ajardinada até o Centre d'Informació del Parc de Collserola (9h30-15h): um centro útil, com uma exposição da vida silvestre do local, mapas, dicas e um bar-restaurante. Perto dali, fica a nostálgica Villa Joana (sáb.-dom, 11h-15h; grátis), onde o amado poeta Jacint Verdaguer viveu até sua morte, em 1902. Trilhas entram no bosque, que tem fontes e lugares para piquenique. Para explorar mais, pegue o funicular de Peu del Funicular até Vallvidrera e desça na metade da subida, na Carretera de les Aigües, uma trilha muito apreciada por corredores, ciclistas, caminhantes e aeromodelistas.

SITGES

A apenas 40 km ao sul de Barcelona, e geralmente mais ensolarado, o elegante balneário de Sitges tem uma rica herança artística. Durante muito tempo, atraiu pintores, escritores e outros artistas criativos. Desde os anos 1960, é o centro da cena gay *neste trecho da costa nordeste da Espanha.*

DISTÂNCIA 40 km
DURAÇÃO Um dia inteiro
INÍCIO Estação ferroviária de Sitges
FIM Cementiri de Sant Sebastia
OBSERVAÇÕES

Trens regulares para Sitges saem das estações de Passeig de Gràcia e Sants (linha C2). A viagem é de cerca de 40 min. Para ir de carro, há a rodovia C32, aberta com explosivos para atravessar as montanhas Garraf, a fim de aliviar a estrada congestionada que acompanha o mar ao sul de Barcelona. Independente de como você for para lá, não esqueça a roupa de banho.

Acima:
escorregadores na praia; camarões frescos.

Rota dos americanos
O departamento de turismo de Sitges (Carrer Pintor Morera 1; tel.: 93 894 42 51; <www.sitgestur.com>; jul.-set.: diariamente, 9h-20h; out.-jun.: 9h-14h, 16h-18h30) oferece o passeio "Rota dos Americanos", que inclui as villas e mansões construídas pelos filhos de Sitges que retornaram de suas aventuras nas Américas.

Onde comer
① REVES
Carrer de Sant Fransesc 35; tel.: 93 894 76 25; €€
Atraente restaurante-bar de *tapas* próximo da estação. Cardápio saboroso, com destaque para a especialidade local *xató de sitges* (feijão com mexilhões).

② BAR XATET
Carrer de Sant Francesc 1; tel.: 93 894 74 71; €€
Este bar-café data de 1925; os presuntos pendem do teto como estalactites; portanto, mate a fome com um sanduíche ou um prato de frios.

O mais conhecido dos balneários costeiros perto de Barcelona, Sitges é um lugar atraente e cosmopolita, com excelentes lojas, ótimos restaurantes e uma movimentada cena *gay*.

A formação de um balneário
Uma antiga cidade vinícola, com laços comerciais com a América, Sitges prosperou no séc. XIX, quando os *americanos*, moradores do lugar que enriqueceram no exterior, voltaram para casa, a fim de se refugiar em mansões e construir casas de veraneio.

A Escola Luminista de Sitges, que reunia artistas como Joan Roig i Soler e Arcadi Mas i Fontdevila, foi atraída pela qualidade superior da luz neste litoral, na segunda metade do séc. XIX. No entanto, quando o artista e escritor modernista do fim do século Santiago Rusiñol (1861-1931) comprou uma casa aqui em 1891, Sitges ficou conhecida na imprensa barcelonesa como "meca do modernismo", e a Rusiñol foi creditado o descobrimento do lugar.

A popularidade do balneário entre os boêmios cresceu: o poeta e dramaturgo espanhol Federico García Lorca (1899-1936) hospedou-se lá, assim como o compositor francês Erik Satie (1866-1925) e o escritor inglês G. K. Chesterton (1874-1936).

Acima, da esquerda para a direita: vista dos telhados de Sitges; a movimentada praia da cidade.

No fim dos anos 1950 e começo dos anos 1960, Sitges respondeu ao fluxo de turistas que se dirigiam para o litoral com *pubs*, bares e alguns hotéis; os moradores alugavam quartos no verão e alguns empresários construíram prédios de apartamentos modestos aqui. Foi nesse momento que a cidade se tornou um atrativo para a comunidade *gay*.

Gaudenci e levam à **Plaça Cap de la Villa ❷**, centro da área de compras só para pedestres, com numerosos cafés e bares.

À esquerda, na Carrer d'Angel Vidal, fica o **Pati Blau**, recriação do quadro de um pátio azul feito por Rusiñol. Em frente, fica a Carrer Major, que levará você até a cidade velha.

RUMO À CIDADE VELHA

Ao sair da **estação de Sitges ❶**, você vai passar pelo mercado municipal, **Mercat** (2ª–5ª, 8h-14h; 6ª-sáb., 8h-14h e 17h30-20h30). Se quiser comer, vá ao restaurante Reves, ver 🍴①, ou ao Bar Xatet, ver 🍴②.

Saindo da estação, todas as ruas parecem conduzir à praia. As três primeiras atravessam a Carrer de Sant

MUSEU ROMÂNTICO

No entanto, neste ponto, desvie para a direita, descendo a Carrer de Parallades, uma movimentada rua de compras, e depois vire a primeira à direita na Carrer de Sant Gaudenci, para chegar ao **Museu Romàntic ❸** (Casa Llopis, Carrer de Sant Gaudenci 1; tel.: 93 894 29 69; verão: 3ª–sáb., 9h30-14h e 16h-19h; dom., 10h-15h; inverno: 3ª-sáb.,

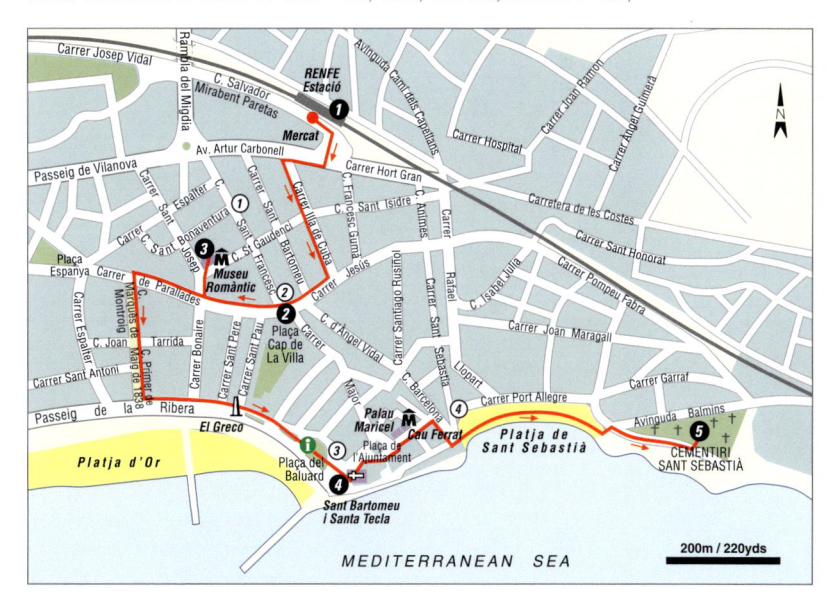

Acima, da esquerda para a direita: friso de azulejos; a cidade vista da praia.

9h30-14h e 15h30-18h30; dom., 10h-15h; visitas guiadas nas horas cheias incluem ingresso para outros museus que têm o mesmo horário de funcionamento; pago). Esta casa, de 1793, da refinada família Llopis, foi totalmente doada à cidade como museu da vida dessa família. No último andar, há uma coleção de bonecas antigas, reunida por Lola Anglada (1893-1984), escritora local de literatura infantil.

CARRER DEL PECAT

Continue descendo a Carrer de Parallades até a Carrer del Marquès de Montroig e a Carrer Primer de Maig de 1838 – a data, 1º de maio, comemora o ataque dos carlistas à cidade liberal. Esta é a principal rua de pedestres que vai até a praia, cheia de bares e pessoas em busca de sol nas mesas dos cafés, conhecida como **Carrer del Pecat**, a rua do pecado.

Este é o centro de alguns dos maiores eventos do movimentado calendário festivo de Sitges. No Corpus Christi (maio ou junho), a rua é coberta por um tapete de flores e, durante o Carnaval que antecede a Quaresma, há um elaborado *show* de fantasias e moda. O desfile da noite de terça-feira de Carnaval é provavelmente o espetáculo mais ruidoso da cidade, em que o *glamour* atinge seu auge no festival de travestis com vistosas fantasias.

A PRAIA

No final da rua fica o calçadão Passeig de la Ribera, orlado de palmeiras e da suavemente sinuosa **Platja d'Or**, uma praia de areia dourada de cerca de 5 km. Se estiver com fome e quiser um almoço refinado, continue para a esquerda, em direção ao fim do calçadão da praia, até o **Fragata**, ver 🍴③.

PALAU MARICEL

A praia acaba depois do monumento ao pintor El Greco, no promontório rochoso dominado pela igreja de **Sant Bartomeu i Santa Tecla** ❹, do séc. XVII.

À frente da igreja, na Carrer Fonollar, há algumas magníficas mansões brancas e, à esquerda, nos nºs 2-6, fica o **Palau Maricel** (tel.: 93 811 33 11; visitas às 3ªs, 20h, e às 5ªs, 22h; essencial fazer reserva; pago), que tem um encantador terraço azulejado na cobertura. O palácio foi construído em 1910 pelo filantropo americano Charles Deering (1852-1927), para abrigar sua coleção de arte (hoje dispersa, infelizmente). Às vezes, são realizados concertos no local.

Xató
Peixe frito e lula são muito apreciados no balneário de Sitges, mas a especialidade local é a *xató*, uma salada de escarola, atum, bacalhau seco e anchovas, com um molho que pode levar nozes e pimentões.

Onde comer 🍴

③ FRAGATA
Passeig de la Ribera 1; tel.: 93 894 10 86; €€€€
Situado no meio de um grupo de restaurantes no fim do calçadão, próximo à igreja de Sant Bartomeu i Santa Tecla, este restaurante discreto serve especialidades de frutos do mar de primeira qualidade e também pratos de carne.

④ LA TORRETA
Carrer Port Alegre 1; tel.: 93 894 5253; €€€€
Num trecho mais sossegado da orla fica este restaurante de frutos do mar tradicional em Sitges, com pratos à base de arroz e um bom lugar para experimentar *xató* (*ver acima*).

Deering também comprou a construção em frente, um antigo hospital do séc. XIV, e a uniu ao seu palácio por uma passagem elevada. O hospital hoje abriga o **Museu Maricel** (Carrer Fonollar; tel.: 93 894 03 64; verão: 3ª-sáb., 9h30-14h e 16h-19h; dom., 10h-15h; inverno: 3ª-sáb., 9h30-14h e 15h30-18h30; dom., 10h-15h; pago), com um lindo acervo de quadros e móveis góticos e uma sala decorada por Josep Lluís Sert. Aqui também fica a principal coleção de arte da cidade, com obras dos românticos, luministas e modernistas associados a Sitges; entre elas, um retrato de Deering feito por Ramon Casas.

SANTIAGO RUSIÑOL

O prédio vizinho é o **Museu Cau Ferrat** (Carrer Fonollar; tel.: 93 894 03 64; verão: 3ª-sáb., 9h30-14h e 16h-19h; dom., 10h-15h; inverno: 3ª-sáb., 9h30-14h e 15h30-18h30; dom., 10h-15h; pago); no passado, residência do pintor Santiago Rusiñol e, hoje, exposição de seu acervo, que inclui dois El Greco (comprados em Paris, foram transportados pela cidade, com uma estátua do artista, imitando uma procissão de Semana Santa), cinco pequenos Picasso e obras de Casas.

Como muitos artistas de sua geração, Rusiñol era financiado pela família, que enriquecera graças à Revolução Industrial de Barcelona. Rusiñol viajava com frequência a Paris, estabelecendo laços importantes para os artistas locais. Ele comprou casas de pescadores em Sitges que converteu numa mansão para guardar sua coleção de objetos de ferro batido, esculturas e pinturas e para servir de ateliê. Entre 1892 e 1899, também organizou as Festes Modernistes, um festival de música e teatro.

PRAIA DE SANT SEBASTIÀ

Ao norte dessas imponentes construções fica a **Platja de Sant Sebastià**. Mais sossegada do que a praia principal, tem bons restaurantes, incluindo **La Torreta**, ver ⑭④, e cafés na calçada.

Se não estiver muito quente, ou se você se cansar da praia, uma alternativa é subir os caminhos de vegetação rasteira na extremidade da praia, em direção ao nostálgico **Cementiri de Sant Sebastià** ❺ (Avinguda Balmins; tel.: 93 811 20 81; verão: 2ª-sáb., 8h-13h e 15h-17h; dom., 9h-13h; inverno: 2ª-sáb., 9h-13h e 15h-18h; dom., 9-13h; 1º de nov.: 8h-18h; grátis), o cemitério da cidade.

Um modo de ser
Este é o slogan oficial de Sitges, apreciado pela comunidade *gay* e utilizado no website <www.gaysitges.com>, que tem notícias atualizadas da cidade.

Abaixo: detalhe de *A Morfina* (1894), de Santiago Rusiñol.

CIRCUITO DOS VINHOS

A Catalunha é uma importante região produtora de vinho, famosa por seu cava. Um passeio pela região de Penedès oferece a oportunidade de apreciar uma bela paisagem rural e provar vários vinhos deliciosos.

Passeio de carro pelo litoral
Se você tiver alugado um carro, uma viagem pelas vinícolas de Penedès pode ser combinada com uma visita a Sitges (*ver p. 88-91*). Se estiver sem carro, há agências de viagem e operadoras de turismo que organizam *tours* gastronômicos e de vinhos saindo de Barcelona. As informações mais detalhadas sobre as visitas aos cerca de 300 produtores de vinho e cava são as do departamento de turismo de Vilafranca (Carrer Cort 14; tel.: 93 818 12 54; <www.turismevilafranca.com>).

DISTÂNCIA 55 km
DURAÇÃO Um dia inteiro
INÍCIO Sant Sadurní d'Anoia
FIM Vilafranca
OBSERVAÇÕES
Para chegar ao ponto de partida deste itinerário, saindo de Barcelona, pegue o trem em Sants ou na Plaça de Catalunya; as saídas são de hora em hora, e a viagem dura 45 min. Para continuar o trajeto até Vilafranca del Penedès, escolha a mesma linha; Vilafranca fica apenas 10-15 min. adiante. Se estiver viajando de carro, saia de Barcelona pela rodovia A7; ela passa em ambas as cidades. Lembre que muitas vinícolas fecham em agosto e que o museu do vinho fecha às segundas.

Onde comer

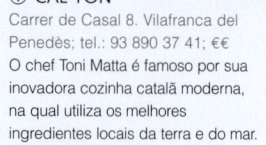

① CAL TON
Carrer de Casal 8. Vilafranca del Penedès; tel.: 93 890 37 41; €€
O chef Toni Matta é famoso por sua inovadora cozinha catalã moderna, na qual utiliza os melhores ingredientes locais da terra e do mar.

② CAFÉ EL CORO
Plaça de la Villa; Vilafranca del Penedès; s/ tel.; €€
Sente-se às mesas de mármore e saboreie a comida simples deste café na praça principal de Vilafranca.

A contribuição mais significativa da Catalunha para o mundo do vinho é a cava, uma bebida espumante, não ácida, simples e barata, produzida da mesma forma que o champanhe, mas proibida por lei de usar o nome francês. Cerca de 90% da produção do país sai da região de Penedès, ao sul de Barcelona, de vinícolas situadas na região da cidade de Sant Sadurní d'Anoia. A cidade vinícola mais importante da Catalunha é a vizinha Vilafranca del Penedès.

Ao visitar Sant Sadurní e Vilafranca, você experimentará o sabor não só do produto, mas também da região rural. Para detalhes de como chegar a Sant Sadurní, ver o quadro cinza à esquerda.

SANT SADURNÍ D'ANOIA

Freixenet
Ao lado da estação de **Sant Sadurní d'Anoia** ❶, fica **Freixenet** (Carrer de Joan Sala 2; tel.: 93 891 70 00; 2ª-5ª, 10h-13h e 15h-16h30; 6ª-dom., 10h-13h; <www.freixenet.es>; pago), um dos maiores produtores da região. Há visitas regulares às adegas a cada 1h30 min., com degustação e compras.

Codorníu
Ainda mais impressionante é o lugar de origem da cava, **Codorníu** (Avingunda de Jaume Codorníu; tel.: 93 891 33 42;

<www.codorniu.com>; apenas visitas agendadas; pago), a cerca de 20 min. a pé da estação. Josep Raventós, da dinastia Codorníu, estourou a primeira rolha de cava aqui, em 1872, e seu filho Manuel acrescentou as enormes adegas modernistas projetadas por Puig i Cadafalch entre 1902-15, que são hoje monumento nacional. O passeio a Codorníu inclui uma explicação sobre o negócio de vinhos, uma visita ao museu da vinícola e uma volta de trem por parte dos 5 andares de adegas que se estendem por cerca de 26 km.

VILAFRANCA

Numa cidade pequena como Sant Sadurní, são poucos os locais para uma refeição, por isso, siga para **Vilafranca del Penedès** ❷, que fica um pouco adiante na mesma ferrovia (e também na A7). Há excelentes restaurantes, incluindo o sofisticado **Cal Ton**, ver ⑪① (observe a placa que indica que ele está na **Ruta del Vi i del Cava**, a rota do vinho e da cava). Para uma opção mais em conta, experimente o **Café el Coro**, ver ⑪②, na Plaça de la Villa. Nesta praça, ficam também a prefeitura e um centro de informações turísticas.

Torres

Todos os bares exibem a frase *Hi ha Cava a copes* (aqui há cava na taça), mas Vilafranca é, na verdade, o centro da produção de vinho não espumante. A antiga bodega da grande família **Torres** fica na Carrer de Comercio 22, ao lado da estação. Você também pode visitar a vinícola de última geração que ela administra em **Pacs** (tel.: 93 817 74 87; <www.torres.es>; 2ª-6ª, 9h-17h; dom., 9h-13h; pago), fora da cidade.

Museu do vinho

O melhor museu de vinho da Espanha é o **Museu del Vi** (Plaça de Jaume I 1; tel.: 93 890 05 82; jun.-ago.: 3ª-sáb., 10h-21h; dom., 10h-14h; set.-mai.: 10h-14h e 16h-19h; ingresso inclui degustação), que ocupa um antigo palácio real na Plaça de Jaume I, em frente à basílica de Santa Maria. O museu expõe implementos da produção de vinho e um bar exibe o vinho da região.

Acima, da esquerda para a direita: vitral no Museu del Vi, em Vilafranca; adega de Freixenet, em Sant Sadurní d'Anoia.

Acima: alguns dos diferentes tipos de cava produzida por Freixenet.

Pirâmides humanas
Azulejos murais na Plaça de la Villa, em Vilafranca, homenageiam os *castellers*. No fim de agosto, equipes amparadas pela multidão tentam formar pirâmides humanas, que competem em altura, equilíbrio e habilidade.

CIRCUITO DALÍ

O artista surrealista Salvador Dalí nasceu e viveu na região de Empordà, onde seu museu, sua casa e o castelo que deu à esposa Gala – o "Triângulo de Dalí" – são legados valiosos de sua excentricidade e de seu talento.

Gala
Em 1929, Dalí conheceu a russa Elena Ivanovna Diakonova (1894-1982) e lhe deu o apelido de Gala. Ela havia sido casada com o poeta Paul Éluard, de quem teve uma filha, e também se relacionara com Max Ernst. Gala e Dalí se casaram em 1958.

DISTÂNCIA 80 km
DURAÇÃO No mínimo, um dia inteiro
INÍCIO Figueres
FIM Port Lligat or Púbol
OBSERVAÇÕES
Este itinerário inclui três atrações principais: o Teatro-Museu Dalí, em Figueres; a casa de Dalí em Port Lligat; e o castelo Gala-Dalí em Púbol. A primeira é acessível de trem, partindo de Barcelona; a segunda, de ônibus; mas, para visitar os três locais, é preciso alugar um carro.

FIGUERES

Salvador Dalí nasceu em 1904 no agradável burgo (o dia de feira é quinta) de **Figueres** ❶, perto da fronteira francesa, e foi aqui que encontrou um lar permanente para sua obra, no **Teatro-Museu Dalí** (Plaça Gala-Salvador Dalí 5; tel.: 972 67 75 00; <www.salvadordali.org/museus/figueres>; jul.-set.: diariamente, 9h-19h15; out.: 9h30-17h15; nov.-fev.: 10h30-17h15; mar.-jun.: 9h30-17h15; pago).

O museu, inaugurado em 1974, foi construído no lugar de um teatro incendiado no fim da Guerra Civil. A adjacente Torre Galatea (em homenagem a Gala, mulher de Dalí), acrescentada em 1981, foi onde o pintor morreu em 1989. Ele está enterrado na cripta do andar inferior do museu.

O acervo

Entre as obras extraordinárias daqui, estão *Poesia das Américas, ou Atletas cósmicos*, pintado em 1943, um retrato de Gala como Leda (o cisne) e o enorme afresco do teto que domina a sala Palácio do Vento, no primeiro andar. No jardim, a escultura *Táxi chuvoso* atrai multidões.

Um bom lugar para comer em Figueres é o **Hotel Empordà**, ver ⓧ①.

PORT LLIGAT

De Figueres, são cerca de 40 km para leste na C260 e na GI614 até o balneário de **Cadaqués**.

Casa-Museu Dalí
Na encosta do morro, na enseada vizinha, ficam **Port Lligat** ❷ e, de frente para o mar, a **Casa-Museu Dalí** (Port Lligat; tel.: 972 25 10 15; <www.salvador-dali.org/museus/portlligat>; meados de mar. e jun., meados de set.-início de jan.: 3ª-dom., 10h30-18h; meados de jun. e set.: diariamente, 9h30-21h; fazer reserva; pago). Dalí e Gala moraram por muitos anos nesta casa, na verdade, um conjunto de casas de pescadores.

Localizada num jardim de oliveiras, a casa dá uma ideia da vida doméstica de Dalí. Janelas enormes emolduram vistas da enseada de pescadores e do Mediterrâneo e, no Salão Amarelo, um espelho inclinado permitia que Dalí visse a luz do sol nascente da cama, no quarto sem paredes ao lado.

O toque de Gala é evidente, particularmente na sala dos guarda-louças, cujas portas ela forrou com fotografias e capas de revista, e nas sempre-vivas das janelas.

A área da piscina é um exemplo do *kitsch* de Dalí: cópia de uma piscina mourisca de Alhambra, em Granada, é adornada com uma estátua de Diana Caçadora, um boneco da Michelin e pneus Pirelli.

Se, depois da visita, for hora do almoço, o **Hotel Port Lligat**, ver 🍴②, fica logo do outro lado da rua.

PÚBOL

Para continuar a viagem (o que só será possível se você estiver viajando de carro, já que entre Port Lligat e Púbol o transporte é ruim), volte em direção a Figueres até ver as placas indicando a C31 sul para Girona e continue até chegar à C252, em direção a Púbol.

Castelo Gala-Dalí
A grande atração de Púbol é o **Castell Gala-Dalí** ❸ (Plaça Gala-Dalí; tel.: 972 48 86 55; <www.salvadordali.org/museus/pubol>; meados de mar. e jun., meados de set.-início de jan.: 3ª-dom., 10h30-18h; meados de jun. e set.: diariamente, 9h30-21h; pago). Dalí restaurou este magnífico castelo gótico-renascentista de três andares e o deu a Gala em 1970, com a promessa de só entrar ali convidado por ela. Pintou afrescos no interior e construiu a cripta onde Gala está enterrada. No dia em que ela morreu, em 1982, Dalí se mudou para lá e ficou cada vez mais fraco, até que, 2 anos depois, um incêndio o obrigou a voltar para a Torre Galatea.

Acima, da esquerda para a direita: exterior do Teatro-Museu Dalí, em Figueres; espetacular afresco no teto do Teatro-Museu Dalí.

Acima: o Teatro-Museu, em Figueres; o inimitável Salvador Dalí; visitantes do lado de fora do museu.

Onde comer
① HOTEL EMPORDÀ
Antigua Carretera de França s/n; Figueres; tel.: 972 50 05 62; €€€
O falecido *chef* Josep Mercadé foi um dos primeiros cozinheiros a reinventar as receitas catalãs, e sua maneira inspirada de tratá-las ainda é bastante evidente neste despretensioso restaurante em Figueres.

② HOTEL PORT LLIGAT
Carretera de Port Lligat, Port Lligat; tel.: 972 25 81 62; €€
Este restaurante fica num lugar encantador defronte da casa de Dalí, e o terraço é aberto para almoço de junho a setembro. O hotel é também um lugar descontraído para se hospedar.

MONTSERRAT

A Virgem Negra, santa padroeira da Catalunha, é o ícone venerado no centro deste conjunto monástico, localizado num cenário de beleza estonteante, no topo das montanhas dentadas, a apenas uma hora de Barcelona.

DISTÂNCIA 100 km, ida e volta
DURAÇÃO Um dia inteiro, talvez dois
INÍCIO/FIM Montserrat
OBSERVAÇÕES

Saindo de Barcelona, você pode ir de carro ou de trem até o ponto de partida. Os trens da FGC para Montserrat partem da Plaça d'Espanya. Para aproveitar o dia ao máximo (e ouvir o coro infantil na primeira sessão), pegue o trem das 9h36. Para pernoitar, há dois lugares que oferecem acomodações no mosteiro: os apartamentos Cel.les Abat Marcet e o hotel três estrelas Abat Cisernos (para ambos, tel.: 93 877 77 01). Pacotes com guias também estão disponíveis; ver <www.abadiamontserrat.net> para detalhes. Leve uma garrafa de água, roupas quentes e sapatos confortáveis.

Vai de trem?

Há várias opções de bilhetes de Barcelona para Montserrat, alguns incluem viagens de funicular. Logo no início da viagem, na estação da Plaça d'Espanya, você vai precisar especificar qual deles quer.

A montanha serrilhada, **Montserrat**, é o santuário mais sagrado de Barcelona. Suas encostas rochosas, cinzentas, abruptas e escarpadas elevam-se a 1.241m de altura, estendem-se por mais de 50 km^2 e podem ser vistas não só a quilômetros de distância como também dos aviões que pousam e decolam do aeroporto de Barcelona.

Embora uma viagem a Montserrat possa ser um ótimo passeio fora de Barcelona, lembre que as vistas espetaculares ficarão prejudicadas em dias encobertos; lembre também que o clima no alto é variável, frio e turbulento, portanto, prepare-se com agasalhos.

La Moreneta

Exposta na basílica do séc. XVI do conjunto monástico, está La Moreneta, a Virgem Negra de Montserrat

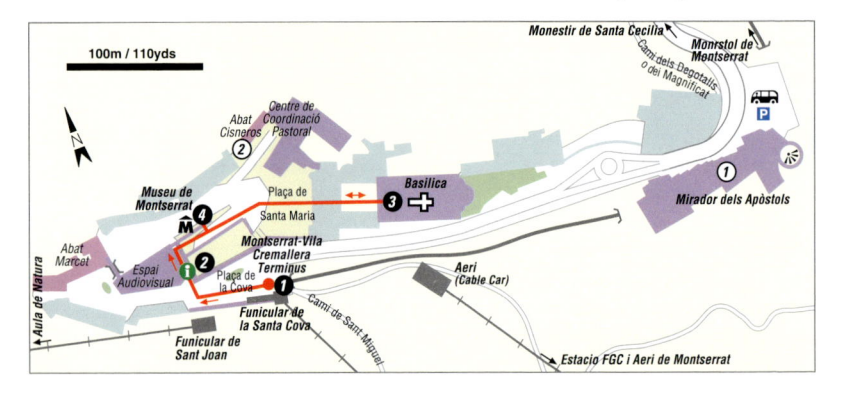

– uma imagem românica da Madona com o Menino que há muito é objeto de grande veneração.

No entanto, os catalães não são particularmente conhecidos por sua devoção, e essa imagem e sua montanha capturaram a imaginação deles, tanto por razões políticas quanto religiosas. Em seu reduto rochoso, La Moreneta é procurada por quem pede proteção contra invasores e tiranos, e seu abade é visto como defensor das liberdades catalãs.

Durante os 40 anos do regime franquista, quando a língua catalã era oficialmente proibida, os batismos e casamentos ainda eram celebrados aqui em catalão. Espera-se que os catalães façam uma peregrinação a essa montanha sagrada pelo menos uma vez na vida. O coro do mosteiro é famoso no mundo todo.

COMO CHEGAR

Montserrat fica a cerca de 50 km para o interior. Os trens da FGC partem da Plaça d'Espanya de hora em hora (aos 36 min. na ida; aos 6 min. na volta) na linha R5 (Montserrat-Martorell) e levam uma hora até a estação **Aeri de Montserrat**, de onde o teleférico alcança o mosteiro em 5 min.; para mais conforto, continue no trem até a próxima estação, **Monistrol de Montserrat**, de onde um trem de cremalheira leva 15 min. para subir até o mosteiro. (Há um estacionamento gratuito com vigias na estação de Monistrol; é uma boa opção nos fins de semana, quando o estacionamento do mosteiro fica lotado.) Depois de sair da cidade, não demora muito até que os característicos picos das montanhas apareçam.

Montserrat-Vila Cremallera

Saindo de **Montserrat-Vila Cremallera Terminus** ❶ (o teleférico faz parada um pouco mais abaixo), todo o conjunto do mosteiro e seu imponente pano de fundo rochoso se descortinam. Ao lado da entrada do mosteiro, há um **centro de informações** ❷ (tel.: 93 835 02 51), onde você pode assistir a um espetáculo audiovisual encantador intitulado *Montserrat Portes Endins,* que faz um relato da vida dos monges beneditinos que ainda moram aqui, administrando uma editora e a gravadora do coro.

A BASÍLICA

Degraus levam até a praça principal e a **Basílica** ❸ (8h-10h30 e 12h-18h30; grátis). O mosteiro beneditino é um local de oração desde o ano 967, mas os prédios que você vê hoje são posteriores à mais recente destruição, em 1811, pelas tropas de Napoleão, que saquearam seus tesouros e queimaram a biblioteca. Passaram-se mais de 50 anos até que os monges voltassem, e só em 1900 a basílica recebeu a fachada atual, que representa Cristo e os apóstolos.

La Moreneta

Uma porta separada na frente da basílica conduz à imagem de **La Moreneta**, colocada acima do altar. Os devotos podem tocar em sua mão a

Acima, da esquerda para a direita: as montanhas dentadas que dão nome ao mosteiro; interior da basílica.

Acima: vitrais na basílica.

Produção local
Do lado de fora do mosteiro, procure pelas barracas que vendem mel e queijos deliciosos feitos ali.

esfera, a única parte que não está protegida por vidro. Acredita-se que o alvaiade usado para pintar sua pele oxidou e deu a ela a aparência escura, que foi depois pintada de uma cor semelhante. Diz a lenda que a imagem foi feita por São Lucas e trazida para Barcelona por São Pedro. A realeza e a nobreza fizeram promessas a ela. Santo Inácio de Loiola, fundador dos jesuítas, dedicou-se a seu serviço.

O coro

O mosteiro mantém uma escola de canto coral desde o séc. XIII, e uma das atrações da basílica é a apresentação do coro de meninos de voz angelical, o **Escolonia** (2ª-6ª, 13h e 18h45; dom., 12h e 18h45; não há coro de 24 de junho a meados de agosto e de 26 de dezembro a 8 de janeiro). O coro canta por apenas 10 min. e, geralmente, uma das obras que interpreta é *Virolai*, composta em 1888 pelo poeta e padre Jacint Verdaguer para comemorar os mil anos do mosteiro. Lembre-se de que, se você ficar para assistir à apresentação da noite, vai perder o último teleférico de volta para a estação.

O museu

Do lado de fora da basílica, na Plaça de Santa Maria, fica a entrada do subterrâneo **Museu de Montserrat** ❹ (2ª-6ª, 10h-18h45; sáb.-dom., 9h30-19h45; pago), reformado (com a praça) pelo arquiteto modernista Puig i Cadafalch em 1929.

Há cinco coleções distintas nas galerias: arqueologia da *Bíblia*, com tesouros do Egito, de Roma e de Bizâncio; iconografia de Nossa Senhora de Montserrat; objetos de ouro e prata da igreja; pinturas dos sécs. XIII-XVIII de El Greco, Tiepolo e Caravaggio; e uma coleção de arte dos sécs. XIX e XX com obras menores de Dalí, Degas, Monet, Picasso e Sisley e o maior acervo da escola catalã fora do MNAC de Barcelona (*ver p. 75*).

CAMINHADAS E EXCURSÕES

Saindo do mosteiro, há muitas caminhadas bem sinalizadas, que duram de 30 min. a 3h30; algumas delas são travessias de longa distância; para detalhes, vá ao centro de informação na Cremalheira ou ao centro da natureza. O perfume das plantas e das flores, mais as vistas e as formações rochosas impressionantes, resultado de depósitos aluviais de até 50 milhões de anos, constituem uma experiência inesquecível.

Acima: no interior da basílica; esculturas sacras; caminhada na montanha.

Onde comer

Há várias opções no conjunto do mosteiro, incluindo um restaurante *self-service*, um bar e uma área de piquenique.

① **RESTAURANTE MONTSERRAT**
Monestir de Montserrat; tel.: 93 877 77 01; €€
No piso inferior do edifício (que também abriga um bar e um restaurante *self-service*), ao lado do estacionamento, fica este elegante restaurante de comida mediterrânea, com cardápio do dia. Vistas fabulosas do vale do Llobregat.

② **RESTAURANT ABAT CISNEROS**
Monestir de Montserrat; Hotel Abat Cisneros; tel.: 93 877 77 01; €€€
No Hotel Abat Cisneros, também parte do conjunto, há este restaurante do séc. XVI, com um salão de refeições escavado na rocha. Excelente e tradicional comida catalã é servida aqui, tanto *à la carte* como no cardápio do dia.

A **Via Sacra** começa atrás da Praça de l'Abat Oliba, que tem o nome do fundador do mosteiro no séc. XIV, homenageado em algumas das estátuas do entorno. As estações da cruz são de artistas do começo do séc. XX.

Da Praça de la Creu, o **Funicular de la Santa Cova** desce até o início de uma caminhada de 15 min. até Santa Cova. Essa capela fica numa gruta onde, diz--se, La Moreneta ficou escondida durante a ocupação moura.

O ponto mais alto
É imperdível a viagem de 7 min. no Funicular de Sant Joan, que sobe bem acima do mosteiro, numa inclinação de 62°. No topo, ficam o centro de informações **Aula de Natura** e três diferentes trilhas para caminhada, com vistas maravilhosas do lado mais distante da montanha. Até **Sant Jeroni**, o ponto mais alto, a 1.236 m de altura, são 60 min. de caminhada leve.

Acima, da esquerda para a direita: interior da basílica; teleférico; a localização espetacular do mosteiro, no alto da montanha; réplicas de La Moreneta para venda.

Caça aos eremitas
As cavernas de Montserrat já foram locais procurados pelos eremitas, mas só quando um deles morria outro podia ocupar seu lugar. Quando as tropas de Napoleão chegaram, no começo do séc. XIX, os eremitas foram "encurralados como animais selvagens" e mortos.

Vida silvestre na montanha

Em qualquer lugar das montanhas, esteja atento a plantas, borboletas, répteis e pássaros que talvez você nunca tenha visto antes. Javalis, esquilos vermelhos, fuinhas e genetas vivem aqui, embora seja preciso muita sorte para vê-los, pois se esconde nas florestas de teixos, buxos e sobreiros, estes em maior número. Os laburnos e as madressilvas também formam moitas para ocultá--los. Alecrim e tomilho perfumam a montanha, que se colore de roselhas, giestas e flores alpinas na primavera – o Parque Natural de Montserrat abriga cerca de 1.250 variedades de plantas. Pássaros para observar – ou ouvir – com atenção nas escarpas incluem toutinegras, águias de Bonelli e falcões peregrinos. Embaixo, nas rochas, cobras, salamandras e lagartos gostam de tomar sol. Um bom ponto de referência para a vida silvestre de Montserrat é a Aula de Natura (centro da natureza; ver acima) no alto do Funicular de Sant Joan.

MUSEU DE MONTSERRAT

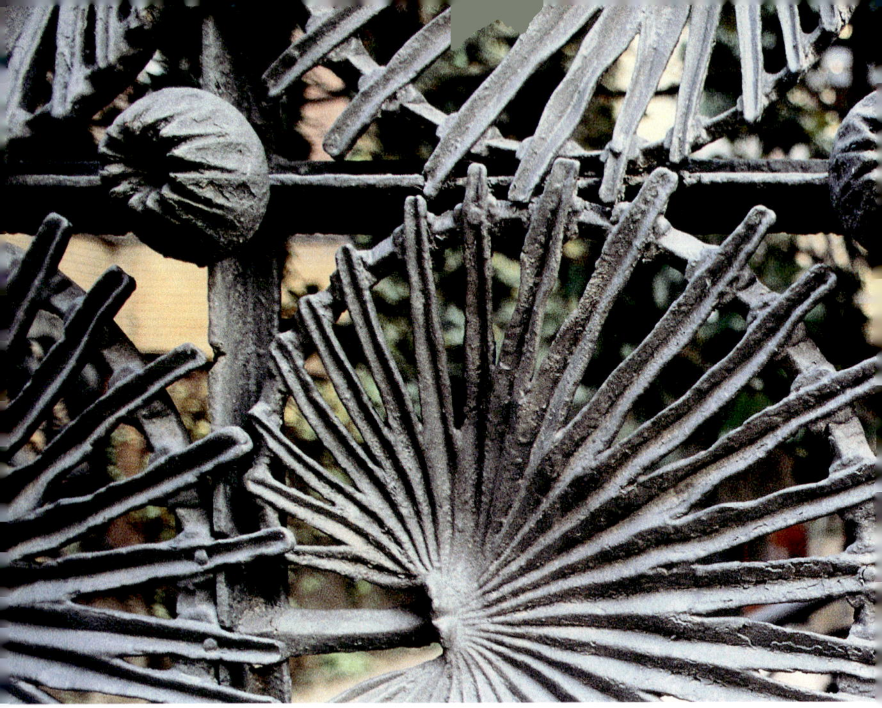
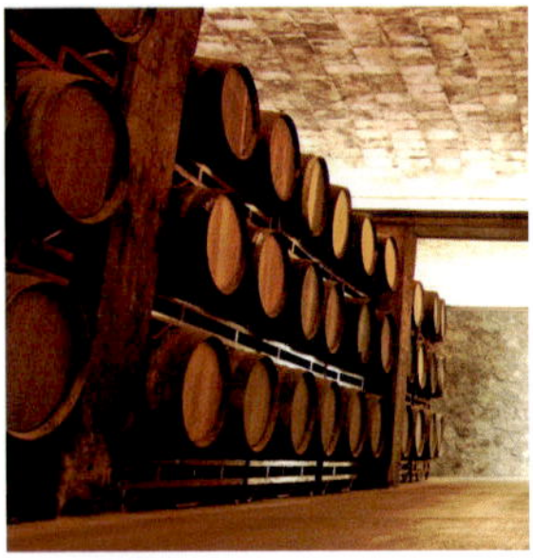
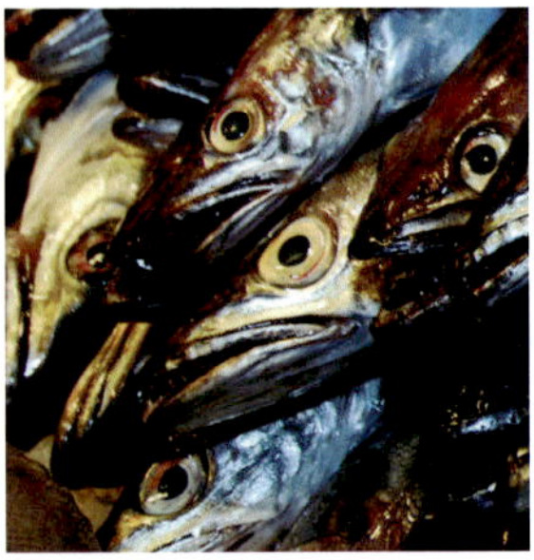
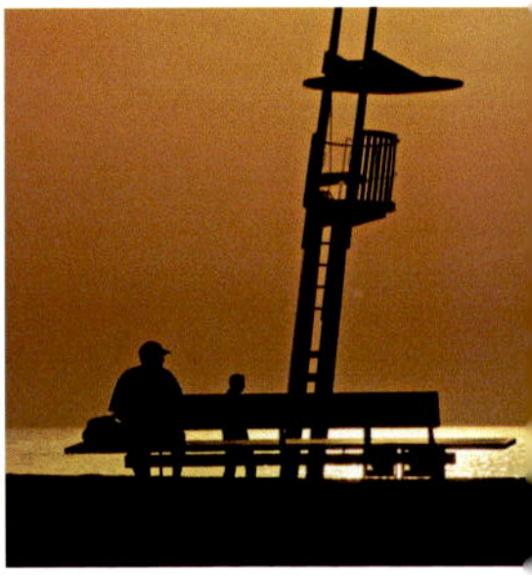
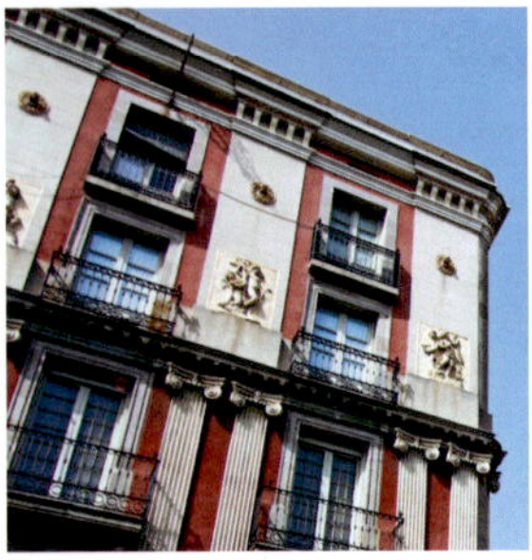
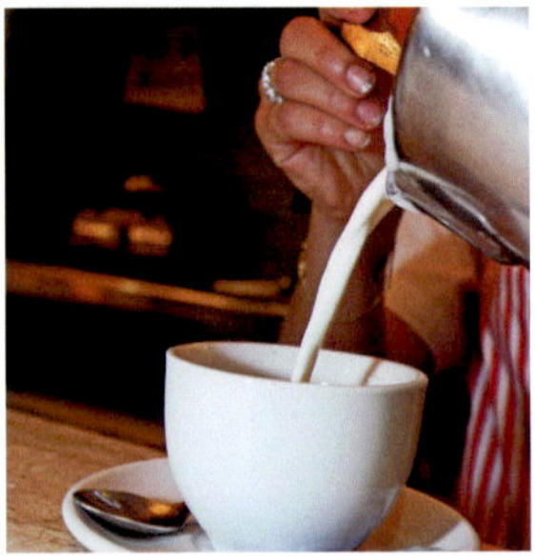
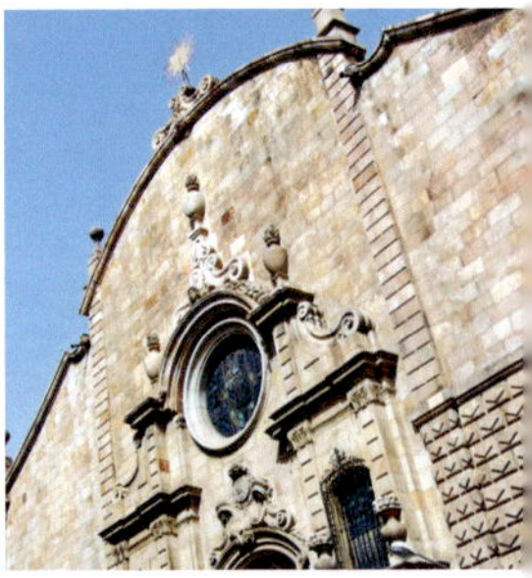
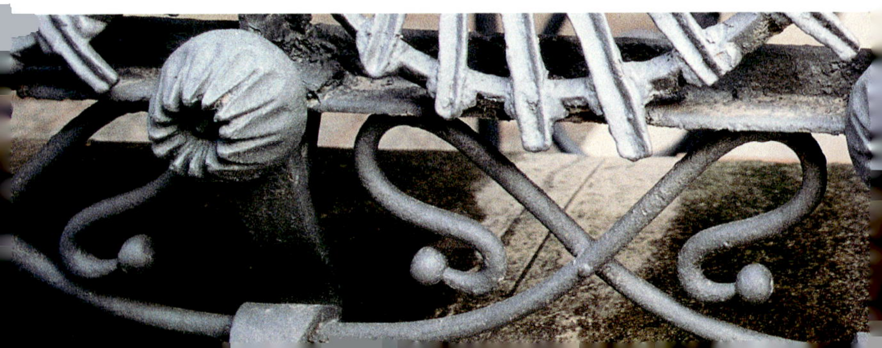

INFORMAÇÕES

Informações práticas e sugestões de hotéis e restaurantes, para todos os gostos e bolsos, organizadas por assunto e em ordem alfabética.

A–Z	102
HOSPEDAGEM	114
ONDE COMER	120

A-Z

A

ACHADOS E PERDIDOS

Há um departamento de achados e perdidos na Carrer de la Ciutat 9, perto da Plaça de Sant Jaume; 9h30-13h; tel.: 906 427 017.

ALFÂNDEGA

Na Espanha, o comércio livre de mercadorias de uso pessoal não isentas de taxas aduaneiras é permitido com a UE (300 cigarros, quantidades limitadas de álcool e perfume). Os turistas podem portar, sem declarar, até 6 mil euros ao entrar na Espanha ou sair. Para quantias maiores, declare na chegada e na partida.

C

CLIMA

O clima mediterrâneo ameno de Barcelona garante sol na maior parte do ano; as temperaturas muito baixas são raras, mesmo em pleno inverno. A primavera e o outono são as estações mais agradáveis. O alto verão pode ser quente e úmido; às vezes, uma névoa espessa paira sobre a cidade. As temperaturas médias são 10ºC no inverno e 25ºC no verão. Chove mais em novembro e de fevereiro a março.

CORREIO

A agência central do correio (*correus*) fica na Plaça d'Antoni López, no final da Via Laietana, perto do porto (tel.: 93 216 04 53; 2ª-6ª, 9h-21h, sáb. 9h-13h).

Podem-se comprar selos nos correios ou em tabacarias. Os valores são divididos em quatro áreas do mundo, como nas ligações telefônicas: UE, resto da Europa, EUA e Canadá, e resto do mundo. Aguarde cerca de uma semana para correspondência para a América do Norte e 4-5 dias para o Reino Unido. Para acelerar a remessa, envie uma carta *urgente* ou *certificada* (registrada).

CRIANÇAS

Crianças com menos de 5 anos andam gratuitamente no transporte público, mas pagam passagem inteira a partir dessa idade. No entanto, há tarifas especiais nos ônibus turísticos e nos cartões turísticos para crianças de 4 a 12 anos. Nos museus, a idade para entrada gratuita ou com descontos varia.

Alguns hotéis maiores oferecem serviços de cuidados infantis. Para babás, experimente Tender Loving Canguros (<www.barcelonaconnect.com> e <www.tlcanguros.com>).

CRIMINALIDADE E SEGURANÇA

Fique atento a batedores de carteira e ladrões que arrancam bolsas (desconfie de pessoas que oferecem "ajuda" ou, de repente, ficam interessadas em você), especialmente na Rambla e na Cidade Velha, e também nas principais atrações turísticas. Procure evitar vielas desertas, sobretudo à noite. Fique de olho na sua bagagem; não carregue mais dinheiro do que o necessário para as despesas diárias; use o cofre do hotel para quantias maiores e objetos de valor; faça fotocópia de documentos pessoais e deixe os originais no hotel; leve sua máquina fotográfica a tiracolo; não deixe filmadora, som e objetos de valor à vista dentro do carro. As brigadas móveis de combate ao crime, vestidas de azul, operam na Rambla e nas principais vias de tráfego intenso. Se você for vítima de um delito, faça um boletim de ocorrência (*denuncia*) na delegacia (*comisaría*) mais próxima – isso é fundamental para acionar o seguro. A principal delegacia da Cidade Velha fica em Nou de la Rambla 76-78, ou ligue para os Mossos d'Esquadra (088 ou 112).

D

DEFICIENTES

A cidade tem muitos hotéis com instalações apropriadas (visite <www.bcn.es/turisme> ou informe-se no departamento de turismo). Muitos museus e edifícios históricos são acessíveis a cadeiras de rodas. As praias têm acesso adequado e há 14 banheiros públicos adaptados. Alguns ônibus e linhas de metrô têm instalações para deficientes (ver <www.tmb.net>). Para informações sobre táxis, ligue para 93 420 80 88.

Para mais informações, visite www.tourspain.co.uk/disabled. ou entre em contato com o Institut Municipal de Persones amb Disminució (Avinguda Diagonal 233, 08013 Barcelona; tel.: 93 413 27 75; sap@mail.bcn.es).

DINHEIRO

Moeda: A unidade monetária da Espanha é o euro (€). As notas são emitidas com valores de 5, 10, 20, 50, 100, 200 e 500 euros. As moedas em circulação são de 1, 2, 5, 10, 20 e 50 centavos e de 1 e 2 euros.

Câmbio: Os bancos e as *cajas/caixes* (caixas econômicas) são geralmente os melhores lugares para trocar dinheiro, já que oferecem as taxas mais competitivas e não cobram comissão. As casas de câmbio (que exibem a placa *cambio*) são úteis, porque funcionam fora do horário bancário. As que anunciam "sem comissão" têm taxas de câmbio mais baixas, então, na verdade, paga-se uma comissão elevada. Os bancos e as casas de câmbio pagam um pouco mais pelos cheques de viagem do que pelo dinheiro vivo. Quando for trocar dinheiro, leve sempre seu passaporte.

Cartões de crédito: São amplamente aceitos, embora lojas menores prefiram dinheiro. Geralmente, pede-se documento com foto.

Caixas automáticos: Estão em toda parte. Com telas em várias línguas, fornecem dinheiro com o uso de cartões de débito ou crédito, usando a mesma senha.

Cheques de viagem: Hotéis, lojas, restaurantes e agências de viagem trocam cheques de viagem, mas os bancos geralmente oferecem taxas melhores – o passaporte é sempre necessário. Troque pequenos valores de cada vez e anote os números dos seus cheques, para que eles possam ser

Acima, da esquerda para a direita: Cristóvão Colombo vigia o porto; Mercat de Santa Caterina.

Etiqueta
Barcelona é uma cidade bastante descontraída e informal, mas sempre vale a pena prestar atenção às regras de etiqueta do lugar. É sinal de respeito cobrir a cabeça ao visitar igrejas. O aperto de mão é uma forma usual de cumprimento e o contato físico, como tapinha nas costas, é um gesto simpático. Dois beijinhos no rosto, primeiro na face direita e depois na esquerda, vêm depois. Ao falar com um estranho, o familiar tú é mais comum do que o formal vosotros.

E

ELETRICIDADE

O padrão é 220 volts, mas alguns hotéis têm voltagem de 110-120 nos banheiros.

As tomadas são adequadas para plugues redondos de dois pinos, portanto, você vai precisar de um adaptador e, em alguns casos, de um transformador, a menos que seus aparelhos sejam bivolt.

EMBAIXADAS E CONSULADOS

A maioria dos países ocidentais tem consulado em Barcelona. Todas as embaixadas ficam em Madri.
Brasil: Avinguda Diagonal 468, 2º; tel.: 93 488 22 88

EMERGÊNCIAS

Emergências gerais: 112
Mossos d'Esquadra (corporação policial autônoma da Catalunha): 088
Polícia municipal: 092
Bombeiros: 080

ESPORTES

Ciclismo: No centro, as faixas para ciclistas estão bem marcadas, e o porto, as marinas e a orla são ótimos para pedalar. As bicicletas podem ser alugadas em várias lojas, como Icària Sports (Avinguda d'Icària 180; tel.: 93 221 17 78) e Filicletos (Passeig de Picasso 40; tel.: 93 319 78 11), de onde é fácil o acesso ao Parc de la Ciutadella e à orla (há bicicletas com assentos múltiplos e cadeirinhas para crianças). A Barcelona by Bicycle (tel.: 93 268 21 05) oferece passeios por El Born, Sant Pere, bairro gótico e orla – há um que inclui jantar. Também aluga bicicletas. Entre em contato com Amics de la Bici (Carrer de Demóstenes 19; tel./fax: 93 339 40 60) para mais informações.
Esportes aquáticos: A Base Nautica de la Mar Bella (tel.: 93 221 04 32) tem todos os tipos de embarcação para alugar a marinheiros habilitados; também tem cursos de vela e aluguel de windsurfe.
Esportes com espectadores: Consulte jornais diários, guias semanais de entretenimento e revistas como *El Mundo Deportivo*.
Golfe: Há muitos campos de golfe em toda a Catalunha; para uma lista completa, visite as páginas de turismo de <www.gencat.cat>. Os preços nos fins de semana são, geralmente, o dobro do dos dias de semana. Três campos próximos de Barcelona são: El Prat de Llobregat (tel.: 93 379 02 78), Sant Cugat (tel.: 93 674 39 08) e Sitges (tel.: 93 894 05 80).
Tênis: Club Vall Parc (tel.: 93 212 67 89; 8h-24h). Bastante caro.

EXCURSÕES

Guiadas: Guias certificados que falam inglês e intérpretes podem ser contratados por intermédio do Barcelona Guide Bureau (tel.: 93 268 24 22;

e-mail: bgb@bgb.es) ou CityGuides (tel.: 93 412 06 74). Os hotéis e as agências de viagem também recomendam guias e orientam sobre o serviço.

De ônibus: O Barcelona Bus Turístic oferece uma excursão com 24 atrações com 2 itinerários diferentes, e você pode entrar e sair do ônibus onde quiser. Ambos os itinerários partem diariamente da Plaça de Catalunya às 9h e há quadros de horário completos em todas as paradas. A duração total da excursão é de cerca de 3 horas. Compre os ingressos no ônibus ou antecipadamente no Turisme de Barcelona (Plaça de Catalunya; tel.: 906 301 282).

Um ônibus com ar-condicionado, o "Tomb Bus" (*tomb* significa circular em catalão), roda durante o horário comercial entre a Plaça de Catalunya e a elegante Plaça Maria Cristina, cobrindo todas as áreas chiques de compras.

A pé: Barcelona Walking Tours tem excursões guiadas em inglês pelo Barri Gòtic todo sábado e domingo às 10h. Os passeios (que duram cerca de 90 min.) começam no Turisme de Barcelona (Plaça de Catalunya; tel.: 93 285 38 32). Às 10h30, aos sábados e domingos, há também o passeio Picasso. As reservas devem ser feitas com antecedência num posto de turismo.

De bicicleta: Barcelona by Bicycle (Carrer d'Espartería 3; tel.: 93 268 21 05) organiza excursões fáceis de bicicleta pela Cidade Velha e pela orla (um dos passeios também inclui jantar). O "mcard" de Montjuïc, que oferece preços com desconto para os museus, também inclui aluguel de bicicleta.

Para fora da cidade: Excursões muito apreciadas são as visitas a Montserrat, Sitges, região vinícola de Penedès e região de Dalí – úteis se você não quiser dirigir.

F

FERIADOS

Muitos bares, restaurantes e museus fecham à tarde e à noite, nos feriados públicos e aos domingos. Agosto é o mês de férias e é possível que muitas empresas, incluindo restaurantes, fiquem fechadas durante três ou quatro semanas.

1 jan.: *Año Nuevo* (Ano-Novo)
6 jan.: *Epifanía* (Epifania)
1 mai.: *Fiesta del Trabajo* (Dia do Trabalho)
24 jun.: *San Juan* (São João)
15 ago.: *Asunción* (Assunção de Nossa Senhora)
11 set.: *La Diada* (Dia Nacional da Catalunha)
24 set.: *La Mercè* (Nossa Senhora das Mercês, padroeira de Barcelona)
1 nov.: *Todos los Santos* (Todos os Santos)
6 dez.: *Día de la Constitución* (Dia da Constituição)
8 dez.: *Inmaculada Concepció* (Imaculada Conceição)
25-26 dez: *Navidad* (Natal)

FERIADOS MÓVEIS:

Fev./mar.: *Mardi Gras* (Terça-feira gorda/Carnaval)
Final mar./abr.: *Viernes Santo* (Sexta-feira Santa)

Acima, da esquerda para a direita: Santa Maria del Mar; compras em Eixample.

Dentistas
Para não espanhóis, o custo da assistência dentária na Espanha não é coberto por nenhum dos acordos recíprocos entre países, por isso verifique se seu seguro de viagem cobre o tratamento. Em caso de emergência, vá à Clínica Dental Barcelona (Passeig de Gràcia 97; tel.: 93 487 83 29; serviço de emergência diário, 9h-24h). Há dentistas que falam inglês.

Final mar./abr.: *Lunes de Pascua* (Segunda-feira de Páscoa)
Meados jun.: *Corpus Christi*

FUSO HORÁRIO

A hora da Espanha é a mesma que na maior parte da Europa ocidental – hora de Greenwich mais uma. O horário de verão vai do último domingo de março ao último de setembro; os relógios são adiantados uma hora na primavera e atrasados uma hora no outono, assim a Espanha está geralmente uma hora à frente de Londres, o mesmo em relação a Paris, seis horas à frente de Nova York e 2 ou 3 horas à frente do Brasil.

G

GAY E LÉSBICA

Barcelona tem uma comunidade *gay* ativa e muitas opções de vida noturna. As crenças católicas conservadoras ainda predominam em alguns setores, por isso, os turistas *gays* talvez prefiram ser discretos. O telefone para serviços direcionados a *gays* e lésbicas é 900 601 601. A revista gratuita *Nois* tem informações de entretenimento. Casal Lambda é um centro cultural *gay* (Carrer de Verdaguer i Callis 10; tel.: 93 319 55 50; *e-mail*: info@lambdaweb.org; aberto a partir das 17h).

A cidade vizinha de Sitges, a apenas meia hora ao sul de Barcelona, no litoral, é uma verdadeira meca para os *gays*, especialmente no verão, e vale uma visita (*ver p. 88-91*).

GORJETA

Não há normas. Se quiser deixar gorjeta, é melhor deixar um valor simbólico do que um valor exorbitante. Alguns restaurantes acrescentam uma taxa de serviço ao total. Como padrão, em restaurantes onde não se cobram taxas, a gorjeta deve ser de 5-10% e mais ou menos o mesmo nos táxis. Num bar ou café, de € 0,80 a € 1,50 são suficientes.

GOVERNO

A Espanha é uma monarquia constitucional comandada pelo rei Juan Carlos I, que nomeia um primeiro-ministro do partido majoritário. O parlamento (*Cortes*) tem uma Câmara de Deputados com 350 membros eleitos por representação proporcional a cada 4 anos. A Catalunha é uma das 14 regiões autônomas que elegem um total de 49 membros para o Senado. A região autônoma da Catalunha é governada pela Generalitat, que fica na Plaça de Sant Jaume, em frente ao Ajuntament (prefeitura), dirigido pelo prefeito e pela câmara de vereadores.

GUARDA-VOLUMES

Armários guarda-volumes (*consigna*) podem ser encontrados nas principais estações de trem (Sants, Estació de França e Passeig de Gràcia) e na rodoviária Barcelona Nord. O guarda-volumes do terminal marítimo no Moll de Barcelona fica aberto das 8h à 1h da manhã.

Mapas
São distribuídos gratuitamente pelos postos de informações turísticas e, frequentemente, deixados à disposição dos turistas nos quartos de hotel. Há também painéis com mapas úteis nas paredes de todas as estações de metrô.

Acima, da esquerda para a direita: freiras em El Born; há muitas maneiras de gastar dinheiro em Barcelona.

H

HORÁRIOS DE FUNCIONAMENTO

Bancos: Geralmente, 2ª-6ª, 8h30-14h, e também sáb., 9h-13h, no inverno.
Empresas: 2ª-6ª, 9h-14h e 16h-20h. No verão, muitos funcionários de escritórios fazem *horas extras*, 8h-15h, para poder ir para casa antes do horário mais quente do dia.
Museus: A maioria abre 3ª-sáb., 9h-13h e 16h-20h, e dom., 10h-14h30, e fecha às 2ªs, mas há exceções.
Restaurantes: Muitos fecham no dom. e alguns na 2ª.
Lojas: As grandes lojas de departamentos ficam abertas o dia todo, 10h-21h30, mas a maioria das outras fecha para almoço no começo da tarde. O horário habitual é 2ª-sáb., 9h-13h30 e 16h-20h.

Sant Jaume, fica aberto 2ª-6ª, 9h-20h; sáb., 10h-20h; dom. e feriados, 10h-14h.

Informació Turística de Catalunya (Palau Robert, Passeig de Gràcia 107; tel.: 93 238 80 91; 2ª-6ª, 10h-19h; sáb., 10h-14h; <www.gencat.cat>) fornece informações sobre toda a região.

Há também postos de informação na estação Sants (2ª-6ª, 8h-20h; sáb.-dom., 10h-14h; no verão, diariamente, 8h-20h) e no aeroporto (terminais A e B; diariamente, 9h-21h).

INTERNET

Há muitos lugares onde o acesso à internet é barato e fácil. Experimente o easyInternet Café (La Rambla 31 e Ronda de la Universitat 35; ambos abertos 24 horas por dia); Net--Movil (La Rambla 130; diariamente, 10h-24h).

I

INFORMAÇÕES TURÍSTICAS

Para informações turísticas gerais, ligue para o serviço de informações de Barcelona (tel.: 010) ou para Turespaña (tel.: 900 300 600). O principal departamento de turismo é o Turisme de Barcelona (Plaça de Catalunya 17; tel.: 80 711 72 22 ou 93 285 38 32; do exterior, tel.: 93 285 38 34; <www.barcelonaturisme.com>; aberto diariamente, 9h-21h).

O posto de informações turísticas do Ajuntament (prefeitura), na Plaça de

L

LIMITE DE IDADE

A idade legal para comprar e consumir tabaco e álcool é 18 anos. Para dirigir, você precisa ter 21.

LÍNGUA

O inglês é compreendido por um grande número de pessoas que trabalham na indústria do turismo. Tanto o catalão (*català*) quanto o espanhol (*castellano*) são línguas oficiais na Catalunha; você pode considerar que, em Barcelona, todos os que falam catalão também falam espanhol, mas, como muitos residentes vêm de outras partes do país, nem todos falam catalão. As placas de rua estão em catalão, mas informações em museus e cardápios, geralmente, são escritas em ambas as línguas. Aprender um pouco de catalão é de grande valia (*ver orelha da quarta capa e mapa para algumas frases úteis*), mas com o espanhol certamente você vai se dar bem.

M

MÍDIA

Jornais: Um grande número de jornais europeus e o *International Herald Tribune*, com base em Paris, são vendidos no dia da publicação nas bancas de La Rambla e do Passeig de Gràcia, assim como na Fnac da Plaça de Catalunya. As principais revistas europeias e americanas também podem ser encontradas em muitos lugares na cidade.

Metropolitan, a revista mensal de Barcelona, em inglês, é grátis e tem informações úteis. Para falantes de espanhol, o prático *Guía del Ocio* informa sobre bares, restaurantes, cinemas, teatros e concertos.

Televisão: Os principais canais espanhóis são TVE1 e TVE2 (estatais). TV3 e Canal 33 são catalães e independentes. O canal local é o BTV. Canais comerciais incluem Antena 3 (programação variada), Tele 5 (TV diurna, dirigida a donas de casa) e Canal Plus (principalmente filmes, apenas para assinantes).

Fumo
Fumar é proibido em todos os locais públicos, incluindo transportes, escritórios, lojas, escolas, hospitais e teatros. Restaurantes com mais de 102 m^2 devem ter área de fumantes. Restaurantes menores e bares podem, no momento, optar entre serem estabelecimentos para fumantes ou para não fumantes.

P

PESOS E MEDIDAS

Em comum com a maioria da Europa e com o Brasil, a Espanha adota o sistema métrico.

POLÍCIA

As polícias catalã autônoma e municipal são eficientes e corteses – e geralmente sensíveis a questões que envolvam turistas estrangeiros. Em Barcelona, ligue 092 para a polícia municipal e 088 para a polícia catalã autônoma. A principal delegacia da Cidade Velha fica em Nou de la Rambla 76-8.

PREÇO DE INGRESSO

A maioria dos museus cobra ingresso, com as habituais reduções para crianças, estudantes e pessoas com mais de 65 anos. O Articket (€ 20) dá direito à entrada nos 7 principais museus de Barcelona durante 6 meses (<www.articketbcn.org>).

R

RELIGIÃO

O catolicismo romano é a religião da Catalunha (e de toda Espanha), e a missa é celebrada regularmente nas igrejas de Barcelona. Há templos das principais religiões; o posto de informações turísticas na Plaça de Catalunya tem detalhes sobre serviços religiosos e sobre os que são oferecidos em línguas estrangeiras. Os principais são:

Anglicano: Igreja de São Jorge; Carrer de Sant Joan de la Salle 41; tel.: 93 417 88 67; dom., 11h.

Judeu: Sinagoga; Carrer de l'Avenir 24; tel.: 93 200 61 48.

Islâmico: Centro Islâmico; Avinguda Meridiana 326; tel.: 93 351 49 01.

SAÚDE

Os padrões de higiene são elevados e a assistência médica é, em geral, excelente; a maioria dos médicos fala inglês suficientemente bem.

É prudente entrar no clima e na comida devagar. No verão, é aconselhável usar chapéu e filtro solar nos passeios diurnos. Durante os meses quentes, você também deve evitar *tapas* que não pareçam frescas, especialmente as que têm maionese, pois podem ser fonte de infecção. A água pode ser tomada, mas tem gosto forte; a água engarrafada é barata.

É sempre aconselhável ter um seguro médico particular, que deve fazer parte do pacote de seguro de viagem.

Em emergências, dirija-se ao setor de *Urgencias* de um grande hospital:

Hospital de la Santa Creu i Sant Pau: Carrer de Sant Antoni Maria Claret 167; tel.: 93 436 47 11 (atrás da Sagrada Família).

Hospital Clínic: Carrer de Casanova 143; tel.: 93 227 54 00.

Hospital Cruz Roja: Carrer del Dos de Maig 301; tel.: 93 433 15 51.

Para chamar uma ambulância, vá até um *ambulatorio* ou ligue para 061 ou 93 300 20 20.

As farmácias funcionam como primeira linha de defesa, pois os farmacêuticos podem receitar remédios e, geralmente, estão aptos a fazer diagnósticos simples. Há sempre uma em cada bairro que fica aberta a noite toda e nos feriados.

TELEFONES

Números de telefone: O código da Espanha é 34. O código de Barcelona é 93 e deve ser discado inclusive nas ligações locais.

Telefones públicos: Você pode fazer ligações locais, nacionais e internacionais das cabines de telefone público da rua. A maioria funciona com moedas e cartões, até mesmo os internacionais. As instruções de uso estão escritas nas cabines em vários idiomas.

Você também pode fazer ligações em lojas de telefone público chamadas *locutorios*. A agência central do correio tem cabines telefônicas.

Chamadas internacionais: Disque 00 para obter uma linha internacional + código do país + número do telefone, omitindo qualquer zero inicial. O código do Brasil é 55. As ligações são mais baratas depois das 22h durante a

Acima, da esquerda para a direita: propaganda de basquete; posto de informações na Rambla.

Banheiros

Há muitas palavras para banheiro: el serveis ou lavabos, em catalão; *aseos, servicios* e wc, em espanhol. As portas dos banheiros são diferenciadas por um "C", de *Caballeros* (cavalheiros), um "S", de *Señoras* (senhoras) ou por uma infinidade de figuras. Além dos bem sinalizados banheiros públicos nas principais praças e estações, há uma quantidade de banheiros limpos que funcionam com moedas em cabines portáteis assinaladas com wc instaladas em toda a cidade. Quase todo bar e restaurante tem banheiro para uso público. É de bom tom comprar uma bebida quando parar num deles, para usar suas dependências.

semana, depois das 14h no sábado e o dia todo no domingo.

Para informações telefônicas gerais, disque 1003; para chamadas internacionais, 1005; para chamadas nacionais, 1009.

TRANSPORTE

Chegada

De avião: O aeroporto de Barcelona recebe voos diretos regulares e diários de toda a Europa. Alguns voos dos EUA, do Canadá e da Nova Zelândia são diretos, outros passam por Madri. O voo de Londres dura cerca de 2h30; o de Nova York leva aproximadamente 8h. Do Brasil, várias companhias aéreas voam para Barcelona, fazendo escala em capitais europeias. A duração da viagem varia de acordo com o tempo de espera na escala. A Iberia, companhia aérea nacional espanhola, opera no Brasil, e seus voos fazem escala em Madri (<www.iberia.com.br>).

O aeroporto internacional El Prat de Llobregat (tel.: 93 298 38 38) fica a 12 km ao sul do centro da cidade e tem três terminais. Há postos de informações turísticas e reserva de hotéis no terminal B.

Pode-se chegar à cidade de trem ou ônibus. O serviço nacional de trem, Renfe, opera da estação do lado oposto ao aeroporto de meia em meia hora, parando na Estació de Sants, na Plaça de Catalunya e na Estació de França; a viagem dura de 20 a 30 min. A passagem custa cerca de € 3. O Aerobús parte a cada 12 min. de todos os três terminais em direção a Sants e Plaça de Catalunya (2ª-sáb., 6h-23h; dom., 6h30-22h45; ida € 4, ida e volta € 6).

Os táxis cobram cerca de € 20 para o centro da cidade. Combine o preço antes da viagem.

De navio: Barcelona tem boas conexões marítimas com as ilhas Baleares e com Gênova, na Itália. O Buquebus (tel.: 971 40 09 69; fax: 971 29 10 09; www.buquebus.com) é o *ferry* mais rápido para Maiorca (3h). A Trasmediterránea (Moll Sant Bertran 3; tel.: 93 295 91 00; <www.trasmediterranea.es>) também opera *ferries* para as ilhas Baleares; na maior parte do ano, a viagem dura 8 horas, mas no verão há um *ferry* expresso que leva 4 horas.

De trem: Os passageiros têm de fazer baldeação na fronteira espanhola, pois a bitola das ferrovias na Espanha é mais larga do que na França. As exceções são os luxuosos trens de alta velocidade TALGO e Trans-Europ-Express, que têm eixos ajustáveis. O TALGO desembarca na Estació de França.

Renfe, a rede ferroviária nacional da Espanha (tel.: 90 224 34 02 para trens internacionais; <www.renfe.es>), aceita passes Inter-Rail, Rail-Europ e Eurail (este último só é vendido fora da Europa) e oferece descontos significativos para pessoas com menos de 26 e mais de 65 anos.

De carro: Saindo da França, a 160 km ao norte, a rodovia AP7 conduz até Barcelona. A AP2 vai de Madri, Zaragoza e Bilbao a Barcelona. De Valencia ou da Costa del Sol, pegue a E-15 para o norte. Seu carro tem de ter um adesivo de nacionalidade.

Em Barcelona
Barcelona tem um sistema de transporte público abrangente e confiável; é fácil, rápido e barato se deslocar pela cidade. Pegue um horário atualizado de ônibus e trem (*feve*) num posto de informações turísticas ou em qualquer estação de metrô. Informações sobre todo o transporte público: tel.: 010; 2ª-sáb., 8h-22h; <www.tmb.net>. Um sistema integrado significa que os bilhetes podem ser usados em ônibus, bondes e trens: é melhor comprar um bloco com 10 (o T-10), que custa quase o mesmo que comprar 6 bilhetes unitários.

De ônibus: Os itinerários e horários são claramente marcados, e mapas estão disponíveis no posto de informações turísticas. Se for sua primeira vez na cidade, pode ser que tenha problemas para se localizar, e a maioria dos motoristas de ônibus não fala inglês. No metrô, é mais fácil identificar seu destino. Mas os ônibus são uma boa maneira de ver melhor a cidade. Eles rodam diariamente, 6h-23h; há ônibus noturnos irregulares, 22h30-5h.

De metrô: Moderno, limpo e eficiente, o metrô é, de longe, o meio mais rápido e fácil de se deslocar na cidade. Funciona de 2ª-5ª, 5h-23h; 6ª e sáb., 5h-2h; feriados, 6h-23h, e dom., 6h--24h. Bons mapas de bolso estão disponíveis nas estações.

De trem: Os trens regionais da FGC (Ferrocarrils Generalitat de Catalunya) também vão até os bairros mais altos de Barcelona – Gràcia, Sarrià, Pedralbes e Tibidabo – e a cidades vizinhas, como Terrassa e Sabadell. A menos que você esteja indo para um desses lugares, verifique se o trem no qual embarcou (mais provavelmente na Plaça de Catalunya) é um trem de metrô e não um trem da FGC – é fácil confundi-los.

De táxi: Táxis pintados de preto e amarelo estão por toda parte e não são caros. Durante o dia, não são a melhor opção, pois o tráfego é pesado. À noite, especialmente se você tiver jantado na Cidade Velha, são o melhor meio de voltar para o hotel ou continuar a noite (peça ao restaurante para chamar um se não se sentir à vontade para esperar na rua). Acene para um táxi na rua ou escolha um que esteja parado (geralmente na porta dos hotéis). Uma luz verde e/ou um sinal *libre* (livre) mostram quando o táxi está desocupado.

Companhias de táxi de boa reputação são Radio Móvil (tel.: 93 358 11 11), Radiotaxi Verd (tel.: 93 266 39 39) e Taxigroc (tel.: 93 490 22 22). Verifique a tarifa antes de entrar; elas são fixas e ficam expostas no vidro da janela em vários idiomas. Veja também se o taxímetro foi zerado quando sua corrida começar. Recuse o táxi se o motorista disser que o taxímetro não está funcionando.

Acima, da esquerda para a direita: a bordo de uma Golondrina; teleférico de Montjuïc.

Direção

Aluguel de carro: A menos que você planeje viajar bastante pela Catalunha, não há necessidade de alugar um carro.

As principais locadoras internacionais e espanholas têm lojas no aeroporto e no centro da cidade. Um imposto (IVA) de 15% é somado ao valor final, mas já terá sido incluído no preço, se você pagou antes da chegada (normalmente, essa é a maneira de obter os melhores preços). O seguro total é obrigatório e deve estar incluído no preço; confirme se é este o caso. A maioria das empresas exige que você pague com cartão de crédito ou use seu cartão como depósito/garantia. Você precisa ter mais de 21 anos e estar habilitado há pelo menos 6 meses. A carteira de motorista nacional é suficiente para os cidadãos da UE; os outros precisam de habilitação internacional.

A qualquer momento, os motoristas podem ter de apresentar passaporte, carteira de motorista válida e os papéis de registro e seguro internacional, que vêm com um documento de fiança da seguradora.

Código de trânsito: Os cintos de segurança são obrigatórios nos bancos dianteiros e traseiros. A maioria das multas por infrações de trânsito é paga na hora. As regras de trânsito são as mesmas de toda a Europa continental: dirigir à direita, ultra-

À direita: a catedral se ergue sobre o Barri Gòtic.

passar pela esquerda, dar passagem a veículos que venham da direita (a menos que sua faixa seja preferencial). Se beber, não dirija. O nível de álcool permitido no sangue é baixo, e as penalidades são duras.

Limites de velocidade: 120 km/h nas rodovias, 100 km/h nas estradas de duas pistas, 90 km/h nas principais estradas e 50 km/h, ou conforme estipulado, nas áreas urbanas.

Emergências: No caso de pane ou outras emergências, tel.: 112. Nas rodovias, há telefones de emergência.

Estacionamento: Encontrar um lugar para estacionar pode ser extremamente difícil. Procure as zonas azuis (indicadas por um P azul), que são áreas com medidores, ou as garagens subterrâneas (também indicadas com um grande P azul e branco). As zonas verdes são reservadas para moradores com autorização.

V

VESTUÁRIO

Em geral, os barceloneses andam na moda, e sua maneira de se vestir é informal, mas elegante. Os homens devem usar paletó nos restaurantes mais chiques. Os jeans são bem-aceitos nos lugares informais, mas você não verá muita gente comendo fora usando *short* e tênis, a não ser nos cafés da praia. De novembro a abril, você vai precisar de um casaco ou pulôver quente e de uma capa de chuva. Para o resto do ano, roupas leves de verão são adequadas, como um chapéu ou guarda-chuva, caso chova.

VISTOS E PASSAPORTES

Vistos são necessários para pessoas de fora da UE, a menos que o país tenha acordo de reciprocidade com a Espanha. Informações completas sobre as regras de passaporte e visto podem ser obtidas na embaixada espanhola.

W

WEBSITES

Estes *websites* fornecem informações úteis sobre Barcelona e entorno:
Barcelona Ajuntament (prefeitura):
<www.bcn.es>
Barcelona na rede:
<www.aboutbarcelona.com>
Informações turísticas de Barcelona:
<www.barcelonaturisme.com>
Catalunha na rede:
<www.gencat.cat>
Espanha na rede:
<www.spaintour.com>
Departamento nacional de turismo:
<www.spain.info>
Informações sobre transporte:
<www.tmb.net>

Acima, da esquerda para a direita: a nostálgica Cidade Velha; descanso em La Rambla.

HOSPEDAGEM

La Rambla

1898
La Rambla 109; tel.: 93 552 95 52; www.nnhotels.com; €€€€

Foi no ano de 1898 que as Filipinas declararam independência da Espanha. Até então, este prédio era a sede da companhia de tabaco filipina. Hoje, é um hotel chique e caro, bem na Rambla, com quartos à prova de som e uma elegância colonial sofisticada que dá vontade de fumar cachimbo e falar de negócios.

Citadines Barcelona-Ramblas
La Rambla 122; tel.: 93 270 11 11; www.citadines.com; €€€

Apart-hotel de excelente custo-benefício, com um agradável serviço de bufê no café da manhã e bonitas vistas do terraço. Alimentos podem ser comprados no mercado da Boqueria (ver p. 31) na vizinhança.

Continental
La Rambla 138; tel.: 93 301 25 70; www.hotelcontinental.com; €€

Num local privilegiado, no alto da Rambla, este é um hotel histórico de característica única. Dá para perdoar os tapetes altos e a decoração floral quando se pode sentar numa varanda por um preço razoável. Peça um quarto na frente.

Ginebra
Rambla de Catalunya 1; tel.: 93 317 1063; €€

Este lugar é simples e básico – nem todos os quartos têm banheiro, por exemplo. No entanto, é extremamente limpo, os funcionários são cordiais e a localização é central. Alguns quartos têm vista para a Plaça de Catalunya. Todas as janelas têm vidros duplos. Bom custo-benefício.

Kabul
Plaça Reial 17; tel.: 93 318 51 90; www.kabul.es; €

Albergue da juventude tradicional de localização privilegiada nesta grande praça, próxima de La Rambla. Os dormitórios chegam a acomodar 20 pessoas. Famoso pelo ambiente festivo.

Oriente
La Rambla 45; tel.: 93 302 25 58; www.husa.es; €€€

Antigamente muito procurado e charmoso, depois da reforma recuperou algo da glória passada, incluindo o esplêndido salão de baile, mas perdeu um pouco da personalidade.

Barri Gòtic

Call
Carrer de l'Arc de Sant Ramon del Call 4; tel.: 93 302 11 23; €

Hotel uma estrela, limpo, pequeno, com ar-condicionado, nas ruelas sombreadas do Barri Gòtic. Não tem bar nem restaurante, mas tudo do que você precisa está a poucos passos.

Diárias em quarto duplo com café da manhã:

€€€€	acima de 200 euros
€€€	140–200 euros
€€	70–140 euros
€	abaixo de 70 euros

Catalonia Albinoni
Avinguda del Portal de l'Àngel 17; tel.: 93 318 41 41; www.hoteles-catalonia.es; €€€

Hotel relativamente novo, num antigo prédio cheio de estilo, num dos calçadões de compras mais movimentados de Barcelona. Os quartos são grandes e bem mobiliados e há um lindo pátio ajardinado. Uma boa opção se você quiser ficar no meio da agitação.

Gran Hotel Barcino
Carrer de Jaume I 6; tel.: 93 302 20 12; www.hotelbarcino.com; €€€

No coração do Barri Gòtic, este hotel moderno é chique e muito bem projetado. No entanto, o saguão amplo e arejado supera os quartos.

Gotico
Carrer de Jaume I 14; tel.: 93 315 22 11; www.hotelgotico.com; €€€

Numa das principais ruas do Barri Gòtic, este hotel à prova de som tem 81 quartos, alguns com terraço, e um solário. Meticulosamente moderno, mas de extremo bom gosto, é de fácil acesso, claro e limpo.

Jardí
Plaça de Sant Josep Oriol 1; tel.: 93 301 59 00; €€

Hotel pequeno no Barri Gòtic, com vista para duas das praças mais bonitas de Barcelona. Os quartos são uma pechincha, embora a vista para a praça custe um pouco mais. Reformado recentemente e muito procurado. Portanto, reserve com bastante antecedência.

Levante
Baixada de Sant Miquel 7; tel.: 93 317 95 65; www.hostallevante.com; €

Hospedagem simples com ambiente (e preço) camarada. Orgulha-se da história de que Picasso, quando jovem, frequentava o lugar quando ainda era uma casa de má reputação. Situado bem perto da Carrer d'Avinyó, uma das ruas mais badaladas da área.

Neri
Carrer de Sant Sever 5; tel.: 93 304 06 55; www.hotelneri.com; €€€

Hotel-butique elegante num palacete do séc. XVII, de frente para uma das praças mais cheias de poesia do bairro gótico, próxima da catedral. O terraço da cobertura tem vista para torres medievais. Apenas 22 quartos.

Nouvel Hotel
Carrer de Santa Ana 18–20; tel.: 93 301 82 74; www.hotelnouvel.com; €€€

Numa rua de pedestres entre La Rambla e Portal d'Àngel, numa área inspiradora, este pequeno hotel tem saguão e sala de refeições lindos, em estilo modernista. Os quartos são mais simples, mas espaçosos e bem equipados.

Racó del Pi
Carrer Pi 7; tel.: 93 342 6190; www.h10.es; €€€

Localizado no coração do Barri Gòtic, virando a esquina da Plaça del Pi, este pequeno hotel foi construído no interior de um antigo palácio. Tem apenas 37 quartos, por isso as vagas se esgotam logo.

Acima, da esquerda para a direita: flores na recepção; Casa Camper (*ver p.116*).

Hospedagem com cozinha
Alugar apartamentos para turistas está ficando cada vez mais comum, especialmente para famílias, pois há a possibilidade de fazer compras nos mercados, cozinhar e, assim, reduzir o custo das férias. Visite os *websites* <www.flatsbydays.com> e <www.oh-barcelona.com>, que têm vários apartamentos em seus registros. Para opções mais luxuosas, experimente <www.cru2001.com>.

Sant Pere, La Ribera e El Born

Banys Orientals
Carrer de l'Argenteria 37; tel.: 93 268 84 60; www.hotelbanysorientals.com; €€

Uma das melhores opções da cidade, com interior maravilhoso e impecável e detalhes elegantes. Fica num dos lugares mais procurados para fazer compras, tomar vinho e jantar. No térreo, há um restaurante excelente, o Senyor Parellada (*ver p. 121*). Preço imbatível, portanto reserve com antecedência.

Chic&basic
Carrer de la Princesa 50; tel.: 93 295 46 52; www.chicandbasic.com; €€

O último a entrar em cena, este hotel estiloso e ultramoderno fica num bonito edifício do séc. XIX, bem localizado entre o Parc de la Ciutadella e a área da moda em El Born. Preço surpreendentemente vantajoso.

Park Hotel
Avinguda del Marquès de l'Argentera 11; tel.: 93 319 60 00; www.parkhotelbarcelona.com; €€€

Uma pérola da arquitetura dos anos 1950, bastante rara em Barcelona, em frente à Estació de França e próximo do Parc de la Ciutadella. Fica no limite de El Born, que é um bairro cheio de cafés, restaurantes e bares, e pode-se ir a pé até a praia de Barceloneta. Os quartos são bem decorados, com cores neutras.

Pensió 2000
Carrer Sant Pere Més Alt 6, 1st floor; tel.: 93 310 7466; €€

Uma elegante escadaria de mármore conduz a essa agradável pensão familiar, que é de nível superior à média das pensões e fica bem em frente ao Palau de la Música Catalana. Ótimo preço.

Pension Ciudadela
Carrer del Comercio, 33, 1st floor; tel.: 93 319 62 03; €

Do lado oposto da Estació de França, esta pensão simples tem quartos apresentáveis a preços razoáveis e fica a um pulo da vida noturna de El Born.

El Raval

Casa Camper
Carrer d'Elisabets 11; tel.: 93 342 62 80; www.casacamper.com; €€€

Este primeiro hotel inaugurado pelos fabricantes de calçados de Maiorca é tão chique quanto se possa imaginar; 25 quartos decorados por Fernando Amat, da loja Vinçon, e Jordi Tió, num imponente edifício do séc. XIX.

España
Carrer de Sant Pau 11; tel.: 93 318 17 58; www.hotelespanya.com; €€–€€€

Próximo da parte baixa de La Rambla, o España conserva um clima de outros tempos, suficiente para que seja reco-

---

Alta temporada

Felizmente para os turistas brasileiros que tiram férias no alto verão, janeiro e fevereiro não são considerados meses de alta temporada nos hotéis; na verdade, setembro e outubro é que são os meses de pico, quando os hotéis ficam mais caros e é difícil encontrar quartos vagos.

Diárias em quarto duplo com café da manhã	
€€€€	acima 200 euros
€€€	140–200 euros
€€	70–140 euros
€	abaixo de 70 euros

mendado. As lindas salas coletivas foram todas projetadas pelo arquiteto modernista Domènech i Montaner. Os quartos são simples, mas limpos e grandes. Não tem ar-condicionado.

Gat Xino
Carrer Hospital 155, 1st floor; tel.: 93 324 88 33; www.gatrooms.es; €–€€

De uma alegria quase infantil, este hotel moderno, na rua do antigo hospital da cidade, atrai viajantes jovens e antenados. Oferece quartos individuais e duplos, com um "*kit* básico" de chuveiro e toalete. Os quartos não são grandes, mas as suítes têm espaço extra. Para refrescar, há um terraço na cobertura.

Grau
Carrer Ramelleres 27; tel.: 93 301 8135; €€

Reserve com antecedência para se hospedar nesta pensão muito procurada e bem administrada, que tem boa localização para compras e passeios a Eixample e Cidade Velha. Cafés da manhã excelentes no bar vizinho.

Inglaterra
Carrer de Pelai 14; tel.: 93 505 1100; €€–€€€

Um bonito hotel localizado atrás de uma fachada antiga e igualmente bem situado em relação ao boêmio Raval e ao elegante Eixample. Na sua faixa de preço, destaca-se dos demais.

Peninsular
Carrer de Sant Pau 34; tel.: 93 302 31 38; €€

Um antigo mosteiro agostiniano, com quartos em volta de um pátio interno. Os quartos são básicos, mas têm preço vantajoso, e os funcionários são prestativos e cordiais.

Orla marítima

Arts
Passeig de la Marina 19–21; tel.: 93 221 10 00: www.harts.es; €€€€

Um arranha-céu ultraluxuoso de alta tecnologia, situado ao lado da praia, na Vila Olímpica. Extremamente eficiente, decorado com sofisticação e discrição. Quartos grandes, banheiros enormes e vistas impressionantes.

Barcelona Princess
Avinguda Diagonal 1; tel.: 93 356 10 00; www.princess-hotels.com; €€€€

De vanguarda: projetado pelo importante arquiteto catalão Oscar Tusquets, situado neste bairro novo de Barcelona, o Diagonal Mar, e com todos os serviços possíveis. Os preços estão sujeitos a cortes radicais também, por isso vale a pena pechinchar para ter o privilégio de dormir nas alturas, com maravilhosa vista para o mar e a cidade.

Duquesa de Cardona
Passeig de Colom 12; tel.: 93 268 90 90; www.hduqesadecardona.com; €€€

Hotel de elegância clássica, localizado nos bonitos edifícios, durante muito tempo negligenciados, que dão para a orla original e o antigo porto. A piscina e o terraço na cobertura são tesouros escondidos. Luxo por preço razoável.

Acima, da esquerda para a direita:
a vista do porto, na direção do Hotel Arts; no café do Hotel Arts.

Vista para o mar
Há muitos hotéis novos ao longo da orla revitalizada, próximos a Diagonal Mar, onde há hospedagem de alto padrão a preços razoáveis. Como é preciso pegar um táxi ou o metrô para ir ao centro, são menos procurados, mas vale a pena levar em consideração as vantagens da vista para o mar e das noites mais tranquilas.

Front Marítim
Passeig de García Faria 69–71; tel.: 93 303 44 40; www.hotelfrontmaritim.com; €€€

Um dos hotéis da orla, entre a Vila Olímpica e Diagonal Mar. É preciso fazer uma corrida curta de táxi para chegar à agitação do centro da cidade, mas você acorda com vista para o mar. Elegante e confortável.

Sea Point Hostel
Plaça del Mar 4; tel.: 93 224 70 75; www.seapointhostel.com; €

Localização imbatível para um albergue da juventude, bem na praia de Barceloneta. Esta rede progressista de albergues também tem filial em La Ribera (Gothic Point) e em Gràcia (La Ciutat).

Eixample

Actual
Carrer del Rosselló 238; tel.: 93 552 05 50; www.hotelactual.com; €€€

Situado no mesmo quarteirão de La Pedrera, de Gaudí, este bem equipado hotel contemporâneo tem uma decoração minimalista em marrom-escuro e branco, combinada com uma atmosfera calorosa e pessoal. É muito procurado, portanto reserve com antecedência.

Diárias em quarto duplo com café da manhã	
€€€€	de 200 euros
€€€	140–200 euros
€€	70–140 euros
€	abaixo de 70 euros

Axel
Carrer d'Aribau 33; tel.: 93 323 93 93; www.axelhotels.com; €€€

Eleito o melhor hotel-butique *gay*, tem exterior modernista, piscina na cobertura, solário e sauna a vapor, e realiza shows de *drag queens*, chás dançantes e jantares leves. Mas não é apenas *gay*; é "simpático aos heterossexuais".

Balmes Hotel
Carrer de Mallorca 216; tel.: 93 451 19 14; www.derbyhotels.es; €€€

Da rede Derby Hotels, o Balmes promete "as vantagens do campo no coração da cidade". Tem um atraente jardim arborizado e piscina. Boa localização.

Casa Fuster
Passeig de Gràcia 132; tel.: 93 255 30 00; www.hotelescenter.es; €€€€

Classificada como hotel cinco estrelas "monumento", a Casa Fuster, projetada por Domènech i Montaner em 1908, foi restaurada. Os serviços incluem o Café Viennese, o restaurante Galaxó, hidromassagem e academia de ginástica mais uma piscina no terraço, com vista maravilhosa da cidade. Membro da associação Leading Small Hotels of the World.

Condes de Barcelona
Passeig de Gràcia 75; tel.: 93 488 2200; www.condesdebarcelona.com; €€€

Elegância contemporânea em dois edifícios modernistas no Quadrat d'Or de Eixample. Alguns quartos têm sacadas privativas e há um terraço na cobertura com uma pequena piscina.

Constanza
Carrer del Bruc 33; tel.: 93 270 19 10; www.hotelconstanza.com; €€
Hotel-butique moderno e eficiente, que agrada a turistas jovens e descontraídos. Os quartos não são grandes, mas alguns têm varanda.

Girona
Carrer de Girona 24, 1st floor; tel.: 93 265 02 59; www.hostalgirona.com; €
Uma grandiosa escadaria de pedra se eleva no pátio elegante deste edifício modernista projetado por Ildefons Cerdà, situado na área conhecida como Quadrat d'Or. Esta pensão é uma opção vantajosa, de localização central, com a recepção calorosa e cordial da família Berlanga.

Gran Hotel Havana Silken
Gran Vía de les Corts Catalanes 647; tel.: 93 412 11 15; www.hotelessilken.com; €€€€
Hotel moderno de alta tecnologia num palacete de 1872 na Gran Via. Acomodação de luxo a preços não exorbitantes. Elementos do *design* característico de Barcelona em cada detalhe.

Omm
Carrer del Rosselló 265; tel.: 93 445 40 00; www.hotelomm.es; €€€€
Bem perto do Passeig de Gràcia, este hotel premiado por seu projeto é parte do moderno grupo Tragaluz. Os quartos são estilosos e bem iluminados, a piscina do terraço é maravilhosa, com vista para La Pedrera, de Gaudí, e a boate do hotel é a última novidade da vida noturna de Barcelona.

Paseo de Gràcia
Passeig de Gràcia 102; tel.: 93 215 58 24; €€
Outro vestígio do passado, com alguns elementos originais. Localização privilegiada e bons preços numa área cara.

Prestige
Passeig de Gràcia 62; tel.: 93 272 41 80; www.prestigepaseodegracia.com; €€€€
Elegância discreta no coração do Passeig de Gràcia neste hotel recém-chegado e cheio de estilo. Sua marca de individualidade é o serviço "Ask me" ["Pergunte a mim"]: uma equipe de jovens prestativos e chiques preparada para responder às suas perguntas sobre cultura, gastronomia e compras. Experimente o pátio interno, típico de Eixample, no pequeno jardim de estilo oriental.

San Medín
Carrer Gran de Gràcia 125; tel.: 93 217 30 68; www.sanmedin.com; €
Não há muitos hotéis econômicos no sofisticado Eixample, por isso vale a pena conhecer esta pequena e confortável pensão localizada no alto do Passeig de Gràcia.

The 5 Rooms
Carrer de Pau Claris 72, 1st floor; tel.: 93 342 78 80; www.thefiverooms.com; €€
Cinco quartos compõem esta romântica pousada, escondida no coração de Eixample. Cheia de estilo, moderna e decorada com esmero, ela se anuncia como "aconchegante", para que você se sinta em casa.

Acima, da esquerda para a direita: neon moderno; limpeza no hotel.

ONDE COMER

La Rambla

Amaya
La Rambla 20-4; tel.: 93 302 61 38; diariamente, almoço e jantar; €€€
Restaurante basco tradicional, com um bar animado, que serve refeições leves, e um elegante salão de refeições.

Egipte
La Rambla 79; tel.: 93 317 95 45; diariamente, almoço e jantar; €
Um lugar alegre e muito apreciado, bem perto da Boqueria. Já funcionou dentro do mercado, mas hoje se espalha por andares ostensivamente decorados.

Fresc Co
Carrer del Carme 16; tel.: 93 301 68 31; diariamente, almoço e jantar; €
Logo depois da igreja de Betlem, é um restaurante *self-service* onde se come à vontade por menos de € 10.

Barri Gòtic

Agut
Carrer d'en Gignàs 16; tel.: 93 315 17 09; 3ª-sáb., almoço e jantar; dom., almoço; €-€€
Este restaurante histórico fica escondido numa rua do Barri Gòtic. Descontraído e caseiro, repleto de sabores catalães, com muitos pratos especiais do dia.

Faixas de preço para uma refeição de três pratos *à la carte* para uma pessoa, com meia garrafa de vinho da casa:

€€€€	acima 60 euros
€€€	30-60 euros
€€	20-30 euros
€	abaixo de 20 euros

Agut d'Avignon
Carrer de la Trinitá; tel.: 93 302 60 34; diariamente, almoço e jantar; fechado em agosto; €€€€
Sem relação com o Agut (*anterior*), este restaurante rústico ocupa vários andares numa viela perto da Plaça del Rei. Cozinha catalã criativa e substanciosa e uma adega de vinhos espetacular.

Can Culleretes
Carrer d'en Quintana 5; tel.: 93 317 30 22; 3ª-sáb., almoço e jantar; dom., almoço; fechado em julho e no Natal; €-€€
É o restaurante mais antigo de Barcelona, serve comida catalã tradicional desde 1786. Aconchegante e informal, tem clássicos como *espinacas à la catalana* (espinafre com pinhões e passas) e *butifarra* (salsicha branca).

Freud B'Art
Baixada de Sant Miquel, 4; tel.: 93 318 66 29; 3ª-sáb., almoço e jantar; 2ª, jantar; €€-€€€
As receitas inspiradas de Gianni Fusco são servidas na atmosfera descontraída deste estiloso restaurante com galeria de arte.

Los Caracoles
Carrer d'Escudellers 14; tel.: 93 302 31 85; diariamente, almoço e jantar; €€-€€€
"Os Caracóis" é famoso por seu frango no espeto. Funciona desde 1835, e você pode fazer uma ótima refeição de peixe, carne de caça, frango ou cordeiro assado, além de experimentar a especialidade da casa, *caracoles*.

Sant Pere, La Ribera, El Born e Ciutadella

Cal Pep
Plaça de les Olles 8; tel.: 93 310 79 61; 3ª-sáb., almoço e jantar; 2ª, jantar; €€€

Bar movimentado em El Born. Serve alguns dos melhores pratos de frutos do mar. Entre na fila bebericando uma cava para pegar um lugar no balcão.

Espai Sucre
Carrer de la Princesa 53; tel.: 93 268 16 30; 3ª-sáb., jantar; €€€

Só sobremesas são servidas neste restaurante criativo. No entanto, há "saladas", "sopas" e outras preparações jamais encontradas numa doceria – e em nenhum outro lugar.

Hofman
Carrer de l'Argenteria 74-8; tel.: 93 319 58 89; 2ª-6ª, almoço e jantar; €€€€

Excelente comida preparada por *chefs* exímios, sob a supervisão de Mey Hofman, que dirige uma escola de culinária aqui. Caro, mas vale a pena.

Mirador
Palau de la Música Catalana, Carrer de Sant Pere Més Alt; tel.: 93 310 24 33; diariamente, almoço e jantar; €€€€

Uma opção elegante, com lindas vistas do salão de concertos modernista. Sob o olhar vigilante do premiado *chef* Jean-Luc Figueras, são preparados perfeitos pratos catalães com influência francesa. Aberto após os concertos.

Senyor Parellada
Carrer de l'Argenteria 37; tel.: 93 310 50 94; diariamente, almoço e jantar; €€-€€€

Um lugar atraente e muito procurado, de propriedade e administração da família, que também possui o hotel vizinho, Banys Orientals, e o bar de vinhos El Vinyo del Senyor, que fica nas proximidades. O criativo cardápio catalão é sofisticado, mas despretensioso.

Set Portes
Passeig d'Isabel II; tel.: 93 319 30 33; diariamente, almoço e jantar; €€

Restaurado com cuidado, para resgatar a atmosfera original, este antigo clássico de 160 anos é especializado em pratos de arroz.

El Raval

Can Maxim
Carrer del Bonsuccés 8; tel.: 93 302 02 34; €

Bem perto de La Rambla, este restaurante serve pratos do dia substanciosos e a bom preço para os funcionários dos escritórios próximos.

Casa Leopoldo
Carrer de Sant Rafael 24; tel.: 93 441 30 14; 3ª-sáb., almoço e jantar; dom., jantar; €€€

Escondido no Barri Xino, este restaurante serve peixes excelentes.

El Fortuny
Carrer del Pintor Fortuny 31; tel.: 93 317 98 92; 3ª-dom., café da manhã, almoço e jantar; €

Acima, da esquerda para a direita: La Tinaja, adega em El Born (Carrer de l'Esparteria 9); barras de chocolate de Brunells; cardápio do almoço; mesa elegante no restaurante de frutos do mar Carballeira (Carrer de la Reina Cristina 3).

Menú del Día
O almoço pode ser a refeição mais barata do dia, pois quase todos os restaurantes têm um cardápio do dia que inclui entrada, prato principal de carne ou peixe, sobremesa e um copo de vinho ou cerveja ou um refrigerante. Os preços e a qualidade variam, mas você pode comer bem por cerca de €7-12.

INFORMAÇÕES **121**

Hora de comer

Para aproveitar ao máximo a cozinha de Barcelona, experimente comer na mesma hora em que os habitantes do lugar. Assim, o café da manhã só será substancioso se tomado no meio da manhã; mais cedo, é provável que só tenha café e biscoitos. O almoço é a principal refeição do dia, feita entre 14h e 15h; o jantar é um pouco mais leve e é servido entre 21h e 22h. Se a espera parecer longa, experimente comer umas *tapas* e tomar uma bebida ou visitar uma das muitas docerias da cidade para um bolo com bastante recheio.

Pratos de influência francesa de alto padrão são cuidadosamente preparados.

Elisabets
Carrer d'Elisabets 2; tel.: 93 317 58 26; 2ª-sáb., almoço; 6ª, jantar; €

Bar local serve ótimos ensopados de inverno e um cardápio a bom preço.

La Reina del Raval
Rambla del Raval 5; tel.: 93 443 36 55; 3ª-sáb., almoço e jantar; dom., almoço; €–€€

Com grandes janelas para a Rambla del Raval, este espaço tem clientela jovem e serve um cardápio eclético com ingredientes frescos. Há um cardápio *gourmet*, serviço *à la carte* e um prato do dia no almoço, assim como *tapas*.

Orla marítima

Agua
Passeig Marítim 30; tel.: 93 225 12 72; diariamente, almoço e jantar; €€–€€€

Quase na praia, com mesas internas e externas, o moderno e atraente Agua fica muito cheio, especialmente na hora do almoço, por isso a reserva é essencial. Parte do grupo Tragaluz, serve pratos de peixe e frutos do mar bem preparados, receitas com arroz, como risotos, e os criativos pratos vegetarianos.

> Faixas de preço para uma refeição de três pratos *à la carte* para uma pessoa, com meia garrafa de vinho da casa:
>
> | | |
> |---|---|
> | €€€€ | acima de 60 euros |
> | €€€ | 30–60 euros |
> | €€ | 20–30 euros |
> | € | abaixo de 20 euros |

Barceloneta
Carrer de l'Escar 22; tel.: 93 221 21 11; diariamente, almoço e jantar; €€€

O terraço do Barceloneta tem localização privilegiada, o que faz dele um dos lugares mais perfeitos para saborear pratos de frutos do mar.

La Oca Mar
Espigó Bac de Roda, Platja Mar Bella; tel.: 93 225 01 00; diariamente, almoço e jantar; €€

Este restaurante espetacular, situado bem no quebra-mar, praticamente dentro d'água, serve uma variedade de pratos sazonais e de frutos do mar.

Travi del Port
Moll de Gregal, Local 33, 1st floor; tel.: 93 225 99 66; diariamente, almoço e jantar; €€–€€€

No Port Olímpic, este restaurante de frutos do mar digno de confiança tem receitas de peixes e mariscos bem preparadas, apesar de bastante previsíveis. A vista do porto é soberba. Há boas distrações para crianças ao redor.

Xiringuíto Escribà
Avinguda del Litoral Mar 42, Platja del Bogatell; tel.: 93 221 07 29; verão: diariamente, almoço e jantar; inverno: 3ª-dom., almoço; €€€

Muitas receitas criativas de peixe e arroz neste prático estabelecimento de administração familiar, bem ao lado da praia. A família Escribà é famosa pelos chocolates e doces, portanto é garantido que a sobremesa será maravilhosa.

Eixample

Alkimia
Carrer de la Indústria 79; tel.: 93 207 61 15; 2ª-6ª, almoço e jantar; sáb., jantar; €€€

Perto da Sagrada Família, este é um brilhante exemplo dos novos talentos da cozinha catalã. O jovem *chef* Jordi Vilà faz maravilhas com as receitas catalãs comuns. Rapidamente, está se tornando um dos principais restaurantes de Barcelona.

Casa Calvet
Carrer de Casp 48; tel.: 93 412 40 12; 2ª-sáb., almoço e jantar; €€€-€€€€

Localizada no primeiro andar de um dos prédios de apartamentos de Antoni Gaudí, a Casa Calvet tem uma atmosfera modernista. As mesas são bem separadas umas das outras, e algumas ocupam espaços privados. O excelente cardápio catalão tem preço justo.

El Caballito Blanco
Carrer de Mallorca 196; tel.: 93 453 10 33; 3ª-sáb., almoço e jantar; dom., almoço; €€€

Este é um lugar antigo e muito apreciado, com pratos internacionais e catalães. Os ingredientes frescos são escolhidos entre os produtos da estação.

Gorría
Carrer de la Diputació 421; tel.: 93 245 11 64; 2ª-sáb., almoço e jantar; €€€

Tão genuíno quanto no primeiro dia em que a família Gorría inaugurou este restaurante basco há mais ou menos 30 anos. O peixe que chega diariamente do norte faz com que este seja o lugar perfeito para saborear *bacalao a la vizcaína* e outras receitas bascas tradicionais.

Jaume de Provença
Carrer de Provença 88; tel.: 93 430 00 29; 3ª-sáb., almoço e jantar; dom., almoço; €€€

Pequeno, com um ambiente de interior, localizado perto da estação Sants, e que recebe o nome de seu proprietário e *chef* Jaume Bargués. Tido como um dos melhores *nouvelle cuisine* em Barcelona e, por isso, muito procurado.

L'Olive
Carrer de Balmes 47; tel.: 93 452 19 90; 2ª-sáb., almoço e jantar; dom., almoço; €€€

L'Olive é há muito considerado um lugar chique para apreciar receitas catalãs clássicas como *pa amb tomàquet* (pão com tomate), *faves* (favas ensopadas) e *escalivada* (berinjelas e pimentões grelhados). As novas e elegantes instalações não têm o charme das originais.

Tragaluz
Passatge de la Concepció 5; tel.: 93 487 06 21; diariamente, almoço e jantar; €€€

A paixão dos barceloneses pela comida está presente neste restaurante moderno e colorido, numa pequena travessa do Passeig de Gràcia. O cardápio criativo é extenso e inclui até pratos pouco calóricos e vegetarianos e um restaurante japonês no andar de baixo.

Acima, da esquerda para a direita: aspectos novos e antigos dos restaurantes de Barcelona, no El Rovell del Born (Carrer Argenteria 6) e no Els Quatre Gats (*ver p. 35*).

Frutos do mar
Não se deve deixar de provar *peix* (peixe) e *marisc* (mariscos) em Barcelona; a *graellada* (grelhado misto) permite que você experimente vários pratos de uma vez e é uma boa opção para dividir em duas pessoas. Para comer *paella*, vale a pena ir a um bom restaurante, já que as imitações baratas em geral decepcionam e não se comparam aos ótimos frutos do mar encontrados aqui.

CRÉDITOS

© 2009 Apa Publications GmbH & Co. Verlag KG (Cingaura)
© 2010 Martins Editora Livraria Ltda., São Paulo, para a presente edição.
Todos os direitos reservados

Turisme de Barcelona/G. Foto 102, 112b; Turisme de Barcelona/J. Trullàs 112t.
Capa: imagem principal: age fotostock/SuperStock; esquerda: Stuart Pitkin/istock photo; direita: Gregory Wrona/Apa.

Barcelona a pé
Título original: *Step by step Barcelona*
Autor: Roger Williams
Editora-chefe/série: Clare Peel
Cartografia: James Macdonald
Gerentes de fotografia: Hilary Genin e Steve Lawrence
Editor de arte: Ian Spick
Produção: Kenneth Chan
Diretor editorial: Brian Bell
Fotografias de: Apa: Annabel Elston, Jon Santa Cruz, Jeroen Sniders, Bill Wassman e Gregory Wrona; exceto: Alamy 21tl, 67tr, 98tr, 99tr; Corbis 2/3, 7tr, 7br, 11br, 12tr, 20tl, 20tr, 21tr, 28bl, 32trm 36b, 66tr, 70tl, 71tl, 78bl, 80tl, 82tl, 88t, 89t, 90t, 91t, 91br, 100-1; Mike Merchant 61tl; MNAC 22t. 76tr; Ingrid Morató 44l (c, t, b); Photoasia 23t, 23b; Prisma Archivo Fotográfico 22bl;

1ª edição 2011

Publisher: *Evandro Mendonça Martins Fontes*
Produção editorial: *Luciane Helena Gomide*
Diagramação: *Triall Composição Editorial Ltda.*
Preparação: *Helen Diniz*
Revisão: *Denise Roberti Camargo*
Dinarte Zorzanelli da Silva

Todos os direitos desta edição no Brasil reservados à
Martins Editora Livraria Ltda.
Av. Dr. Arnaldo, 2076
01255-000 São Paulo SP Brasil
Tel.: (11) 3116.0000
info@martinseditora.com.br
www.martinsmartinsfontes.com.br

Dados Internacionais de Catalogação na Publicação (CIP)
(Câmara Brasileira do Livro, SP, Brasil)

Williams, Roger
    Barcelona a pé / [Apa Publications GmbH & Co] ; tradução Mônica Saddy Martins. – São Paulo : Martins Martins Fontes, 2010. – (Guias de viagem Insight Guides)

    Título original: Step by step Barcelona.
    ISBN 978-85-61635-85-5

    1. Barcelona (Espanha) – Descrição e viagens – Guias I. Williams, Roger. II. Apa Publications Gmbh & Co. III. Série.

10-10265   CDD-914.672

Índices para catálogo sistemático:
1. Barcelona : Espanha : Guias de viagem   914.672
2. Guias de viagem : Barcelona : Espanha   914.672

Embora a Insight Guides e os autores deste livro tenham tomado todos os cuidados razoáveis em sua preparação, não garantimos a exatidão ou completude de seu conteúdo e, no mais amplo sentido permitido por lei, desobrigam-se de qualquer responsabilidade que possa advir de seu uso.

Nenhuma parte deste livro pode ser reproduzida, armazenada em sistema de recuperação ou transmitida sob nenhuma forma nem por nenhum meio (eletrônico, mecânico, por fotocópia, gravação ou qualquer outro) sem prévia autorização escrita de Apa Publications. Citações curtas do texto, com o uso de fotografias, estão isentas apenas no caso de resenhas do livro. As informações foram obtidas de fontes creditadas como confiáveis, mas sua exatidão e completude, e as opiniões nelas baseadas, não são garantidas.

ÍNDICE REMISSIVO

A

Achados e perdidos **102**
Aeri del Port **56**
Aeroportos **110**
Alfândega **102**
aluguel de carros **112**
Antic Hospital de La Santa Creu **52**
Antiga Casa Figueras **31**
Aquàrium, L' **56**
Arc de Triomf **59**
Arenas **73**
Ateneu Barcelonès **35**
Auditori, L' **61**
Avinguda de la Catedral **35**
Avinguda del Portal de l'Angel **34**
Avinguda Diagonal **65, 69**
Avinguda Tibidabo **85**

B

Bairro judeu **41**
Barça **78-9**
Barceloneta **57**
Barri Gòtic **2-3, 34-43, 112**
Bernat Picornell, piscina **77**
Boqueria **19, 31, 40**
Born, El **46-9**

C

Caballé, Montserrat **32**
Cabeça de Barcelona **43, 56-7**
Café Zurich **29**
CaixaForum **75**
Camp Nou **78-9**
Camper **19, 50, 51**
Capela MACBA **51**
Capella, La **52**
Capella Reial de Santa Agata **39**
Carrer de Banys Nous **41**
Carrer de la Palla **41**
Carrer de Petritxol **41**
Carrer del Pecat **90**
Carrer Montcada **47-8**
Carrer Nou de la Rambla **32**
Carreras, José **32**
Casa Amatller **67**
Casa Àsia **69**
Casa Batlló **21, 67**
Casa Beethoven **31**
Casa Bruno Quadras **32**
Casa de l'Ardiaca **36**
Casa de les Punxes **69**
Casa dels Canonges **42**
Casa Fuster **83**
Casa Lleó Morera **21, 67**
Casa Milà **68**
Casa Thomas **69**
Casa Vicens **21, 82-3, 100-1**
Casal de Gremi de Velers **45**
Casals, Pau **32**
Casa-Museu Gaudí **72**
Cascada, La **60**
Castell de Montjuïc **77**
Castell del Tres Dragons **59**
Castellers **93**
Castelo Gala-Dalí **95**
Catalão **22-3**
Catedral de Santa Eulália **33**
Cementiri Sant Sebastià **91**
Centre d'Art Santa Mònica **33**
Centre d'Estudis i Recursos Culturals **52**
Centre de Cultura Contemporània de Barcelona **51**
Cereria Subirà **39**
Ciutadella **58-61**
Clima **102**
Codorníu **92**
Col.legi d'Arquitectes **35**
Colombo, Cristóvão **33**
compras **18-9**
correio **102**
Correu i Telègraf **43**
CosmoCaixa **85**
Crime **102-3**

D

Dalí, Salvador **94-5**
Deficientes **103**
Diagonal Mar **65**
Dinheiro **103**
Domènech i Montaner, Lluís **20-1, 59, 66-9**
Drassanes **55**

E

Eixample **13, 66-9**
El Born **46-9**
El Cant dels Ocells **32**
El Raval **50-3**
El Rellotge **83**
eletricidade **104**
Els Encants **61**
Els Quatre Gats **35, 123**
embaixadas **104**
emergências **104**
Escolonia **98**
esporte **10**
Estació de França **49**
Estadi Olímpic **77**

F

feriados **105**
Figueres **94-5**
Fira de Barcelona **73**
Font de Canaletes **30**
Font Màgica de Montjuïc **13, 73-4**
Fontana, metrô **82**
Fòrum **65**
fumo **108**
Fundació Joan Miró **13, 76-7**
Fundació Tàpies **68**
Funicular de Santa Cova **99**
fuso horário **106**

G

Gala Dalí **94-5**
Galeria Olímpica **77**
Gaudí, Antoni **12, 20-1, 34, 59, 66-9, 70-1, 82-3, 100-1**
gays e lésbicas **106**
Gehry, Frank **64-5**
Generalitat **42-3, 73**
Golondrinas **55**
Gorjeta **106**
Gràcia **82-3**
Gran Teatre del Liceu **32**

H

História **24-5**
horários de funcionamento **107**
hospedagem **114-9**
Hospital de la Santa Creu i Sant Pau **20-1, 71**
Hotel Neri **42**
Hotel Oriente **32**

I

Illa de la Discordia **66**
informações turísticas **97, 107**
Institut Barcelonès d'Art **35**

J

Jamboree **32**
Jardins de Laribal **76**
Jaume I, metrô **47**
Jocs Florals **22, 24**
Jogos Olímpicos **13, 54-7, 73-7**
Junta d'Obres del Port **56**

L

La Ribera **46-9**
Les Set Portes **49**
Liceu **32**
Lichtenstein, Ray **43, 56, 57**
Língua **17, 22-3, 107-8**
Llotja **49**

M

MACBA **11, 51**
Mare de Déu de Betlem **30**
Madre de Déu de la Mercè **43**
Maremagnum **19, 56**
Marina Fòrum **65**
Marina Port Vell **56**
Mercados **14, 19, 45, 61, 69**
Mercat de la Concepció **69**
Mercat de les Flors **74**
Mercat de Sant Antoni **52**
Mercat de Santa Caterina **10, 45**
Mercat del Born **48**
mídia **108**
Mies van der Rohe **74**
cadeira "Barcelona" **74**
Mirador de l'Alcalde **77**
Miró, Joan **13, 26, 76-7**
Miró, Toni **18-9**
modernismo **20-1**
Moll d'Espanya **56**
Moll de Barcelona **56**
Moll de la Fusta **56**
Montjuïc **73-7**
Montserrat **96-9**
Monumento a Colombo **33**
Moreneta **98**
Mosteiro de Pedralbes **80**
Museu Barbier-Mueller d'Art Precolombi **48**
Museu Carrosses Funebres **60**
Museu d'Arqueologia **74**
Museu d'Art Contemporani de Barcelona **51**
Museu d'Història de Catalunya **57**
Museu d'Història de la Ciutat **38**
Museu de Automàts **87**
Museu de la Cera **33**
Museu de Ceràmica **81**
Museu de Geologia **60**
Museu de l'Eròtica **31**
Museu de la Música **61**
Museu de la Xocolata **45**
Museu de les Arts Decoratives **81**
Museu de Montserrat **98**
Museu de Zoologia **59**
Museu del Calçat **42**
Museu del FC Barcelona **79**
Museu del Vi **93**
Museu Diocesa **37**
Museu Etnòlogic **76**
Museu Frederic Marès **37**
Museu Maricel **91**
Museu Marítim **55**
Museu Militar **77**
Museu Nacional d'Art de Catalunya **75**
Museu Picasso **47**
Museu Romàntic **89**
Museu Tèxtil i de la Indumentària **47**

O

onde comer **14-7, 120-3**
operadores de turismo **104-5**
orla marítima **46-7, 50, 117, 122**

P

Palau Baró de Quadras **69**
Palau Casades **69**
Palau de la Generalitat **42**
Palau de la Música Catalana **8, 21, 44**
Palau de la Virreina **31**
Palau del Lloctinent **38**
Palau Episcopal **36**
Palau Güell **21, 32, 53**
Palau Maricel **90**
Palau Moja **30**
Palau Montaner **69**
Palau Nacional **75**
Palau Reial Major **39, 81**
Palau Robert **69**
Palau Sant Jordi **77**
panorama da cidade **10-13**
Parc d'Atraccions **86**
Parc de la Barceloneta **63**
Parc de la Ciutadella **21, 58-60**
Park Güell **10, 21, 70-2**